Bruns-Häntzschel

Die Preßgesetze des Erdballs

Band I

Das Deutsche Preßrecht

von

Dr. Kurt Häntzschel

Verlag von Georg Stilke, Berlin

Die Preßgesetze des Erdballs

Band I

Die Preßgesetze des Erdballs

In Verbindung mit dem

Institut für ausländisches öffentliches Recht
und Völkerrecht in Berlin

und der

Fédération Internationale des Journalistes

Herausgegeben von:

Dr. Viktor Bruns
ordentlichem Professor des öffentlichen Rechts an der Universität Berlin und Direktor des Instituts für ausländisches öffentliches Recht und Völkerrecht

Dr. Kurt Häntzschel
Ministerialrat im Reichsministerium des Innern - Berlin, Vorsitzendem der Internationalen Preßrechtskommission der Fédération Internationale des Journalistes

Band I

1928

Verlag von Georg Stilke, Berlin

Das Deutsche Preßrecht

von

Dr. Kurt Häntzschel

1928

Verlag von Georg Stilke, Berlin

Schettlers Erben A.-G., Köthen-Anh.

Vorwort.

Das Preßrecht ist eine der schwierigsten Disziplinen der Rechtswissenschaft. Seine Grundlagen bedürfen noch eindringender Untersuchung. Es erschien daher den Herausgebern wünschenswert und erfolgversprechend, die weitere wissenschaftliche Forschung auf der breiten Grundlage des Rechts aller Kulturstaaten aufzubauen. Die Erfahrung hat gezeigt, daß gerade auf dem Gebiet des Preßrechts die wissenschaftlich-dogmatische Erkenntnis und die gesetzliche Ausgestaltung häufig über die Landesgrenzen hinaus gewirkt hat. Neuerdings ist es besonders die Zeitungspresse, die in fast allen Ländern durch die ständige Erweiterung ihres Aufgabenkreises und das Anwachsen ihrer Einflußnahme auf die verschiedensten Gebiete des öffentlichen Lebens die Gesetzgebung vor eine Reihe neuer Aufgaben gestellt hat, deren praktische Lösung mangels der erforderlichen wissenschaftlichen Vorarbeit auf Schwierigkeiten stößt. Diese wissenschaftliche Vorarbeit zu leisten zur Klärung der alten und neuen preßrechtlichen Fragen und unter besonderer Berücksichtigung der politischen, sozialen und kulturellen Zusammenhänge, aus denen heraus sie entstanden sind, ist der vornehmste Zweck dieses Werkes.

Aber auch die Presse selbst hat ein Interesse daran, die Preßgesetzgebung der verschiedenen Länder daraufhin vergleichen zu können, auf welche Weise und mit welchen gesetzlichen Mitteln das geistige Freiheitsbedürfnis der Presse und der öffentlichen Meinung am besten mit den staatlichen Notwendigkeiten in Einklang gebracht werden kann. Seitdem die internationale Zusammenarbeit der Berufsorganisationen der Presse in den letzten Jahren einen starken neuen Antrieb erfuhr, hat die Presse wiederholt den Wunsch nach einer zusammenfassenden Darstellung des Preßrechts aller Kulturstaaten ausgesprochen. Sie hofft nicht mit Unrecht, aus einer vergleichenden Zusammenstellung der verschiedenen Preßgesetze wertvolle Anregungen für die an die e i g e n e Gesetzgebung zu stellenden Anforderungen schöpfen zu können. Und sie erwartet weiter, daß eine gemeinverständliche Einführung in das Preßrecht jedes Landes auch für den Zeitungsmann ein wertvolles Hilfsmittel sein wird, und zwar nicht nur für den, der als ausländischer Korrespondent oder Vertreter einer Zeitung genötigt ist, sich mit den Rechtsverhältnissen eines fremden Landes vertraut zu machen. Aus solchen Erwägungen heraus hat vor allem die Fédération Internationale des Journalistes in Paris die Herausgabe des Werkes in überaus dankenswerter Weise unterstützt. Daß unabhängig davon auch auf der Internationalen Pressesachverständigenkonferenz, die der Völkerbund im August des Jahres 1927 in Genf veranstaltete, die gleiche Forderung laut wurde, darf als Beweis dafür angesehen werden, daß a l l e Kreise der Weltpresse ein gemeinsames Interesse an einer Darstellung des Weltpresserechts haben.

Nächst diesen Bedürfnissen der beteiligten Fachkreise wird das Werk aber auch ein Hilfsmittel für die gesetzgeberischen Arbeiten der Regierungen und Parlamente sein. Bei der Mehrzahl gerade der großen Kulturnationen entspricht die gesetzliche Regelung des Preßrechts heute nicht mehr der Stellung und Bedeutung, welche die Presse und insbesondere die politische Presse im öffentlichen Leben einnimmt. Daß sich trotzdem die Anpassung des Rechts an die veränderten Verhältnisse des Lebens nur langsam und stockend vollzieht, liegt nicht zuletzt daran, daß noch von keiner Seite die notwendige wissenschaftliche Vorbereitung, insbesondere durch Sammlung und kritische Würdigung des großen Materials unternommen wurde. Nun versteht es sich zwar von selbst, daß die gesetzliche Regelung der Rechtsverhältnisse der Presse von dem in jedem Staat herrschenden politischen Regime abhängig ist. Aber die Beziehungen und Einrichtungen der Presse als des vornehmsten Trägers internationalen Gedankenaustausches reichen überall so weit über die Grenzen des eigenen Landes hinaus, ihre Anforderungen an die Gesetzgebung, ihr Drang nach Freiheit und Unabhängigkeit gegenüber staatlichen und anderen Mächten ist so international, daß die Mehrzahl der gesetzgeberischen Probleme in allen Ländern doch mehr oder weniger gleichmäßig und oft sogar gleichzeitig in Erscheinung treten. Schon ein oberflächlicher Blick über die geltende Preßgesetzgebung zeigt, daß die Gesetzgeber in solchen Fällen bereits seit mehr als einem Jahrhundert gerade auf dem Gebiet des Preßrechts sich die Rechtsgedanken und die Erfahrungen anderer Länder zunutze gemacht haben. Da aber bisher keine Möglichkeit bestand, die Preßgesetze der Welt, oder auch nur eines größeren Teiles derselben, zugleich mit ihrer Auslegung durch die Rechtsprechung und ihrer Handhabung durch die Verwaltungspraxis so kennen zu lernen, wie es für die gesetzgeberische Arbeit erforderlich ist, blieb diese Rechtsvergleichung gewöhnlich auf den einen oder den anderen Staat beschränkt, dessen Recht den Verfassern des Gesetzes gerade zugänglich war. Auch dieser gesetzgeberischen Arbeit aller Staaten soll das Werk dienen, indem es die Möglichkeit schafft, sie in Zukunft auf breitere Grundlage zu stellen und aus der Fülle der gesetzgeberischen Gedanken und Anregungen des Preßrechts anderer Länder das jeweils Beste und für die eigenen Verhältnisse Brauchbarste zu verwerten.

Das zuerst in deutscher Sprache erscheinende Gesamtwerk wird aus zwei Teilen bestehen. Der zunächst zur Ausgabe gelangende erste Teil wird in Einzeldarstellungen eine Einführung in das Preßrecht jedes Landes unter Berücksichtigung seiner Ausgestaltung durch Gesetzgebung und Praxis enthalten und außerdem den Wortlaut der geltenden Preßgesetze und der in sonstigen Gesetzen verstreuten Einzelvorschriften preßrechtlicher Natur zum Abdruck bringen. Im zweiten Teil werden dann auf Grund der im ersten Teil enthaltenen Forschungsergebnisse die verschiedenen preßrechtlichen Probleme, soweit sie von internationalem Interesse sind, rechtsvergleichend erörtert werden.

Nicht zuletzt sei an dieser Stelle allen denen gedankt, welche die Herausgeber bei ihrer Arbeit in großzügiger Weise unterstützt haben und noch unterstützen. Außer den Mitgliedern des Instituts für ausländisches öffentliches Recht und Völkerrecht und der Internationalen Preßrechtskommission der Fédération Internationale des Journalistes in Berlin sei hier vor allem dem Auswärtigen Amt, der Presseabteilung der Deutschen Reichsregierung, den deutschen Auslandsvertretungen und vor allem auch den Regierungen der Staaten, die sich in entgegenkommender Weise an der besonders schwierigen Materialbeschaffung beteiligt haben, herzlichster Dank ausgesprochen.

Wir hoffen, daß das Werk, dessen erste Bände gleichzeitig mit der ersten Internationalen Presseausstellung in Köln erscheinen, vor allem auch dazu beitragen werde, das gegenseitige Kennen- und Verstehenlernen der Verhältnisse anderer Völker zu fördern, die weitgehende Gemeinsamkeit der geistigen Interessen der Presse deutlich zu machen und so den Boden für die innere Annäherung vorzubereiten, die notwendig ist, um die Macht der Presse immer mehr in den Dienst internationaler geistiger Zusammenarbeit und damit zugleich in den der Verständigung der Völker zu stellen.

Berlin, im Mai 1928.

Die Herausgeber.

Inhaltsverzeichnis.

Schrifttum.

I. Kommentare:

a) Zum gesamten deutschen Reichs- und Landespreßrecht:

Häntzschel, K.: Reichspreßgesetz und die übrigen preßrechtlichen Vorschriften des Reichs und der Länder, Berlin 1927, Karl Heymanns Verlag.

b) Zum Reichspreßgesetz:

Born, A.: Reichspreßgesetz (Guttentagsche Sammlung deutscher Reichsgesetze Nr. 53), 3. Auflage, Berlin 1924.

Conrad: In Stengleins Kommentar der strafrechtlichen Nebengesetze, 5. Auflage, Berlin 1927, Otto Liebmann.

Ebner, A.: Das deutsche Zeitungsrecht Bd. 1, „Das deutsche Preßrecht", Magdeburg 1909.

Falck: Preßgesetz i. v. Brauchitsch, Die preußischen Verwaltungsgesetze, Bd. 1, Berlin 1925.

Kitzinger, F.: Das Reichsgesetz über die Presse, Tübingen 1920.

Schwarze-A.-W.: Schwarze Appelius, Reichspreßgesetz, 5. Auflage, bearbeitet von E. Wulffen, München 1914.

II. Lehrbücher des deutschen Preßrechts:

Berner, A. F.: Lehrbuch des deutschen Preßrechts, Leipzig 1876

Klöppel, P.: Das Reichspreßgesetz, Leipzig 1894.

v. Liszt: Das deutsche Reichspreßrecht. Berlin 1880.

Mannheim, H.: „Preßrecht" in Enzyklopädie der Rechts- und Staatswissenschaft, herausgegeben von Kohlrausch-Kaskel, Berlin 1927, Julius Springer.

III. Besondere Abhandlungen:

a) Die begrifflichen Grundlagen des deutschen Preßrechts:

Gusti, D.: Die Grundbegriffe des Preßrechts, Abhandlung des Berliner Kriminalistischen Seminars, 5. Bd., 4. Heft, Berlin 1908.

Posse, E.: Über Wesen und Aufgabe der Presse, Tübingen 1917, J. C. B. Mohr.

Wettstein, O.: Über das Verhältnis zwischen Staat und Presse mit besonderer Berücksichtigung der Schweiz, Zürich 1904. Albert Müllers Verlag.

b) Berichtigungszwang:

Kitzinger: In Zeitschrift für die gesamte Strafrechtswissenschaft Bd. 27 S. 872 ff.

Kraehling: Die preßrechtliche Berichtigungspflicht, 1917.

Mewes: Der Berichtigungszwang in Goltd.Arch. Bd. 45 S. 332.

Oetker, F.: Die Berichtigungspflicht in „Gerichtssaal" Bd. 68 S. 321.

Regensburger: Die preßgesetzliche Berichtigungspflicht, Diss., Rostock 1911.

Riß: Das preßgesetzliche Berichtigungsverfahren i. Jur. Wochenschrift Bd. 40 S. 385.

c) Haftung für Preßdelikte:

v. Bülow: Strafrechtliche Haftung des verantwortlichen Redakteurs in Zeitschrift für die gesamte Strafrechtswissenschaft Bd. 14 S. 613 ff.

Derselbe: In Goltd.Arch. Bd. 40 S. 241 und Bd. 43 S. 324.

Gaze: Die strafrechtliche Haftung für Preßdelikte, Berlin 1906.

Häntzschel, K.: Der verantwortliche Schriftleiter in Juristische Wochenschrift 1927 S. 81.

Heine, Wolfg.: Die Buchhändler- und Druckerprozesse in „Die Justiz" Bd. II (1926/27) S. 350 ff.

Honigmann: Die Verantwortlichkeit des Redakteurs, Breslau 1885.

Löning, R.: Die strafrechtliche Haftung des verantwortlichen Redakteurs, Jena 1888.

Oetker, F.: Die strafrechtliche Haftung des verantwortlichen Redakteurs, Stuttgart 1893.

Wahl: Die strafrechtliche Haftung des verantwortlichen Redakteurs, Diss., Leipzig 1904.

d) Preßrecht und öffentliche Meinung:

Holtzendorff: Wesen und Wert der öffentlichen Meinung, München 1880, M. Riegersche Universitätsbuchhandlung.

Posse, E.: Zeitung, Publikum und öffentliche Meinung, Deutsche Revue, Juni/Juli 1914.

Tönnies, F.: Kritik der öffentlichen Meinung, Berlin 1922, Julius Springer.

e) Preßdelikte:

Aberer, P.: Die Verjährung der durch Verbreitung von Druckschriften begangenen strafbaren Handlungen, Diss. Erlangen 1897.

Becker, H. H.: Die zivil- und strafrechtlichen Ansprüche des Betroffenen gegenüber der Presse, Berlin 1928, AGV.-Verlag Dr. Pape.

Berger, E.: Das Preßdelikt, sein Begriff, seine rechtliche Gestaltung und seine Grenzen, Erlangen Diss. 1910/1911.

Binding: Die rechtliche Bedeutung des objektiven Verbrechentatbestandes in „Gerichtssaal" Bd. 76 S. 43.

Häntzschel: Der Begriff des Preßvergehens in Ztschr. für die gesamte Strafrechtswissenschaft Bd. 47 S. 417 ff.

Kern, Dr. E.: Die Äußerungsdelikte, Tübingen 1919, J. C. B. Mohr.

Meseritz, Marg.: Das Preßdelikt als Begehungsform der gemeinen Delikte, Erlangen Diss. 1914.

Miricka: Theorie und Praxis der Preßdelikte i. GS. Bd. 73 S. 1 ff.

Oetker, F.: Zur Lehre von den Preßvergehen, in Goltd.Arch. Bd. 26 S. 249.

Rathenau, Die Preßdelikte in „Gerichtssaal" Bd. 53 S. 376.

David, Wie soll das Preßdelikt in einem schweizerischen Strafgesetzbuch behandelt werden? Verh. Schw. Jur.Ver 1894.

Sladeček: Zur Lehre der Preßdelikte in Goltd.Arch. Bd. 43 S. 348.

Hungerbühler: Der Ort der begangenen Tat in seiner Anwendung auf Preßdelikte, 1911.

f) Preßfreiheit und Freiheit der Meinungsäußerung:

Bartholomäus: Der strafrechtliche Schutz des Rechts auf freie Meinungsäußerung. Ztschr. f. d. ges. Strafrechtswissenschaft Bd. 16 S. 399 ff.

Häntzschel: Das Grundrecht der freien Meinungsäußerung in Archiv des öffentlichen Rechts 1926 S. 288 ff.

Rothenbücher, K.: „Das Recht der freien Meinungsäußerung" in Veröffentlichungen der Vereinigung der deutschen Staatslehrer Heft 4 S. 6 ff.

Smend, R.: „Das Recht der freien Meinungsäußerung" in Veröffentlichungen der Vereinigung der deutschen Staatslehrer Heft 4 S. 44 ff.

Wolk, A.: Der Schutz der Ehre und die Freiheit der Meinungsäußerung mit bes. Berücksichtigung der Presse. Diss. Heidelberg 1912.

g) Preßpolizeirecht:

Seydel: Die Preßpolizei, in Schönbergs Hdb. der polit. Ökonomie, 3. Auflage, Tübingen 1891, Bd. 3 S. 880 ff.

h) Wahrnehmung berechtigter Interessen:

Askenazy: Strafbare Beleidigung trotz Wahrnehmung ber. Interessen 1905.

Banke: Der Schutz des § 193 bei öffentlichen Beleidigungen. Rechtswissenschaftliche Untersuchungen 129—206.

Baumeister: Der § 193 DRStrGB. mit bes. Ber. der preßrechtlichen Verhältnisse. Diss. Heidelberg 1905.

v. Bülow: Aus der Praxis des § 193. „Gerichtssaal" Bd. 46 und 48.

v. Buri: Zum § 193 RStrGB. in „Gerichtssaal" Bd. 26, 33.

Frank, R.: Rechtsprechung des Reichsgerichts über den § 193 in ZStW. Bd. 12 S. 307 ff.

Glaser, F.: Die zivilrechtliche Haftung der Presse trotz Wahrnehmung berechtigter Allgemeininteressen. Sch. Ver. Rwiss. Berlin 3. 6. 1914.

Marcuse, Elly: in Juristische Wochenschrift 1925, S. 1474.

i) Anonymität, Zeugniszwang, Zeugnisverweigerungsrecht:

Bendix: Die Rechtspflicht des Schweigens. Goltd.Arch. Bd. 52.

Bücher: Gesammelte Aufsätze zur Zeitungskunde, Tübingen 1926 S. 39 ff., 107 ff.

Dochow: Der Zeugniszwang, Jena 1877.

Giesen: Der Zeugniszwang gegen die Presse. Frankfurt a. M. 1906.

Häntzschel: Der Zeugniszwang, in „Deutsche Presse" 1926 Heft 28 und in Handwörterbuch der Rechtswissenschaft, Berlin 1928 Walter de Gruyter.

Lemcke: Der Zeugniszwang im Straf- und Disziplinarverfahren, insbes. die Zeugnispflicht des Redakteurs, Diss. Heidelberg 1908.

Liehl, O.: Der Umfang der Zeugenpflicht der Presse im Straf- und Disziplinarverfahren, Freiburg, Diss. 1908—1909.

Lubszynski: Der Zeugniszwang gegen die Presse. Referat für den XV. internationalen Preßkongreß Rom 1911.

Thiesing: Der Zeugniszwang gegen die Presse. Annalen des deutschen Reiches 1907 Bd. 9 S. 717 ff.

Wulffen: Das Zeugniszwangsverfahren gegen die Presse. D. J. Z. 1907 S. 383 ff.

k) Beschlagnahme:

Zitzlaff: Zur Lehre von der Beschlagnahme von Druckschriften i. Goltd.Arch. Bd. 54 S. 42 ff.

Abkürzungen.

(Die Bandzahlen bzw. Jahrgänge sind im Text durch Fettdruck gekennzeichnet, die dahinterstehenden Zahlen bedeuten die Seiten.)

Bay.OLG., Sammlung von Entscheidungen des Bayerischen Obersten Landesgerichtes in Strafsachen, München R. Oldenbourg.

DJZ., Deutsche Juristenzeitung, Herausgeber und Verlag Otto Liebmann, Berlin.

DP., Deutsche Presse, Zeitschrift für die gesamten Interessen des Zeitungswesens, Organ des Reichsverbandes der deutschen Presse, Berlin SW 68.

EG., Einführungsgesetz.

G., Gesetz.

GBl., Gesetzblatt.

GewO., Reichsgewerbeordnung.

Goltd.Arch., Archiv für Strafrecht und Strafprozeß, begründet von Goltdammer, v. Deckers Verlag, Berlin.

GS., „Der Gerichtssaal", Zeitschrift f. Strafrecht usw.

GS. (hinter Gesetzen bedeutet) Gesetzsammlung.

GVBl., Gesetz- und Verordnungsblatt.

GVG., Gerichtsverfassungsgesetz.

JMBl., Justizministerialblatt für die preußische Gesetzgebung und Rechtspflege.

JW., Juristische Wochenschrift, Zeitschrift des Deutschen Anwaltvereins.

KGJ., Jahrbuch für Entscheidungen des (Preuß.) Kammergerichts, herausgegeben von Johow.

LZ., Leipziger Zeitschrift für deutsches Recht, J. Schweitzer Verlag München, Berlin, Leipzig.

MinBl., Ministerialblatt.

OLG., Oberlandesgericht.

OVG., Oberverwaltungsgericht; wenn ohne weiteren Zusatz: Sammlung von Entscheidungen des Preuß.OVG.

PreßG., Reichspreßgesetz.

Pr.Verw.Bl., Preußisches Verwaltungsblatt.

Reg.Bl., Regierungsblatt.

Reger, Entscheidungen der Gerichte und Verwaltungsbehörden auf dem Gebiete des Verwaltungs- und Polizeistrafrechts.

RGSt., Entscheidungen des Reichsgerichts in Strafsachen (amtliche Sammlung).

RGBl., Reichsgesetzblatt.

R.Rspr., Rechtsprechung des Reichsgerichts in Strafsachen, herausgegeben von den Mitgliedern der Reichsanwaltschaft.

RV., Reichsverfassung.

Sten.Ber., Stenographische Berichte des Reichstags.

StGB., Reichsstrafgesetzbuch.

StPO., Reichsstrafprozeßordnung.

ZStW., Zeitschrift für die gesamte Strafrechtswissenschaft.

Tafel
des deutschen Preß- und Zeitungsrechts[1].

(Die Vorschriften, deren Wortlaut im Anhang wiedergegeben ist, sind durch Kursivschrift gekennzeichnet.)

I. Verfassungsschutz der Preßfreiheit:

Artikel 118 der Reichsverfassung (Freiheit der Meinungsäußerung durch den Druck. Zensurverbot).

Artikel 48 RV. (Vorübergehende Aufhebung der Preßfreiheit kraft Ausnahmerecht).

II. Preßgesetze:

1. *Reichsgesetz über die Presse* (PreßG.) vom 7. Mai 1874 (RGBl. S. 65).
2. *Reichsgesetz betr. Stimmzettel für öffentliche Wahlen* vom 12. 3. 1884 (RGBl. S. 17).
3. *Gesetz zur Bewahrung der Jugend vor Schund- und Schmutzschriften* vom 18. 12. 1926 (RGBl. I S. 505).

III. Das literarische Urheberrecht und das Recht am eigenen Bilde:

1. Gesetz betr. das Urheberrecht an Werken der Literatur und Tonkunst vom 19. 6. 1901 (RGBl. S. 227), abgeändert durch Gesetz vom 22. 5. 1910 (RGBl. S. 793).
2. §§ 22, 23 des Gesetzes betr. das Urheberrecht an Werken der bildenden Künste und der Photographie vom 9. 1. 1907 (RGBl. S. 7) betr. das Recht der Wiedergabe von Personenbildnissen.

IV. Einzelvorschriften:

1. Strafrechtliche Schranken für die Inhaltsgestaltung der Druckschrift:

a) Allgemeines Strafrecht:

α) Strafgesetzbuch (StGB) für das Deutsche Reich vom 15. Mai 1871.

§ 49a (Strafbarkeit der Aufforderung zur Begehung oder zur Teilnahme an einem Verbrechen).

---

[1]) Aufgeführt sind alle preßrechtlichen und die wichtigsten der für die Redaktion von Zeitungen und Zeitschriften zu beachtenden sonstigen Gesetzesvorschriften. Nicht aufgeführt sind die zahlreichen landespreßrechtlichen Vorschriften für das Plakat- und Flugschriftenwesen und die Pflicht zur Ablieferung von Bibliotheksexemplaren (vgl. hierüber Häntzschel, Reichspreßgesetz S. 267 ff.) Die landesrechtlichen Sondervorschriften über die Zuständigkeit der Schwurgerichte zur Aburteilung von Preßstrafsachen sind S. 64 Anm. 1—4 genannt.

§ 82 (Hochverrat).

§ 85 (Aufforderung zum Hochverrat durch Verbreitung von Schriften pp.)

§ 86 (Vorbereitung eines hochverräterischen Unternehmens, z. B. durch Herstellung eines Vorrats hochverräterischer Flugblätter oder durch planmäßige geistige Vorbereitung der Leserschaft).

§ 92 (Landesverrat, insbesondere durch Mitteilung geheimzuhaltender Nachrichten).

§§ 103, 104 (Beleidigung fremder Staatsoberhäupter, Gesandter oder Geschäftsträger).

§§ 110, 111 (Aufforderung zum Ungehorsam gegen Gesetze und rechtsgültige Verordnungen oder zur Begehung strafbarer Handlungen).

§ 112 (Aufforderung an Heeresangehörige zur Nichtbefolgung von Befehlen).

§ 130 (Aufreizung verschiedener Bevölkerungsklassen zu Gewalttätigkeiten gegeneinander).

§ 131 (Verächtlichmachung von Staatseinrichtungen durch wissentliche Mitteilung erdichteter oder entstellter Tatsachen).

§ 166 (Gotteslästerung, Beschimpfung von Kirchen und Religionsgesellschaften).

§ 184 (Verbreitung unzüchtiger Schriften, Ankündigung von zum unzüchtigen Gebrauch bestimmten Gegenständen, öffentliche Ankündigung zur Herbeiführung unzüchtigen Verkehrs).

§ 184b (Ärgerniserregende Berichterstattung über wegen Gefährdung der Sittlichkeit unter Ausschluß der Öffentlichkeit geführte Gerichtsverhandlungen).

§§ 185—187 (Beleidigung, üble Nachrede, Verleumdung).

§ 189 (Beschimpfung Verstorbener).

§ 360 Nr. 11 (Grober Unfug).

β) Militärstrafgesetzbuch vom 20. Juni 1872 (RGBl. S. 174):

§ 91 Abs. 2 (Strafschärfung bei durch Verbreitung von Schriften begangener Beleidigung militärischer Vorgesetzter).

b) Ausnahmen der Strafbarkeit:

Art. 30 RV. § 12 StGB. (Verantwortungsfreiheit für wahrheitsgetreue Parlamentsberichte).

§ 193 StGB. (Straffreiheit von Beleidigung und übler Nachrede bei Handeln in Wahrnehmung berechtigter Interessen).

c) Sonstige Veröffentlichungsbeschränkungen:

α) **Veröffentlichungsverbote**[1]**:**

Sprengstoffgesetz vom 9. 6. 1884 (RGBl. S. 61):
§ 10 (Aufforderung zur Begehung von Sprengstoffverbrechen).

Börsengesetz vom 8. 5. 1908 (RGBl. S. 215):
§§ 42, 43, 51 Abs. 2, 67, 90 (Verbot der Veröffentlichung von Kurszetteln über vom Börsenhandel ausgeschlossene Wertpapiere und verbotene Börsentermingeschäfte).

Gesetz gegen den Verrat militärischer Geheimnisse vom 3. 6. 1914 (RGBl. S. 195):
§ 10 (Verbot der Veröffentlichung von Truppen- und Schiffsbewegungen in Kriegszeiten).

Bekanntmachung über Wohlfahrtspflege v. 15. 2. 1917 (RGBl S. 143): *§§ 1, 11, 12 (Verbot der Ankündigung nicht genehmigter Wohlfahrtsunternehmungen).*

Rennwett- und Lotterie-Gesetz vom 8. 4. 1922 (RGBl. I S. 393):
§ 9 Abs. 1, Nr. 1, 2 (Verbot der Anreizung zum Abschluß von Wetten außerhalb des Totalisator- und zugelassenen Buchmacherbetriebes,
Verbot der gewerbsmäßigen Veröffentlichung von Renntips,
Straffreiheit redaktioneller Veröffentlichungen).

Gesetz zum Schutze der Republik vom 23. 7. 1922 (RGBl. S. 585), nur befristet in Kraft, verlängert durch Gesetz vom 2. 6. 1927 (RGBl. I S. 125):
§ 7 *(Verbot der Aufforderung zu Gewalttätigkeiten und zur Verherrlichung von Gewalttätigkeiten gegen Regierungsmitglieder des Reichs und der Länder. Verbot der öffentlichen Beschimpfung oder Verleumdung eines durch einen Gewaltakt getöteten Regierungsmitgliedes).*
§ 8 *(Verbot der Beschimpfung und Herabwürdigung der republikanischen Staatsform und der Reichs- und der Landesfarben. Verbot der Beschimpfung oder Verleumdung von Regierungsmitgliedern als Repräsentanten der republikanischen Staatsform).*

Gesetz zur Bekämpfung der Geschlechtskrankheiten vom 18. 2. 1927 (RGBl. I S. 61):
§§ 7 Abs. 1, 11, 12 (Verbot der Veröffentlichung von Anerbieten nichtapprobierter Ärzte zur Behandlung von Geschlechtskrankheiten. Verbot der Ankündigung von

[1]) vgl. hierzu §§ 16, 28 PreßG.

Mitteln zur Linderung dieser Krankheiten in anderen als wissenschaftlichen, ärztlichen oder pharmazeutischen Fachzeitschriften. Straflosigkeit der Wiedergabe rein aufklärender Vorträge, Schriften usw.)

β) **Beschränkungen der Gerichts-Berichterstattung**[1]).

Gesetz gegen Verrat militärischer Geheimnisse vom 3. 6. 1914 (RGBl. S. 195):

§ 11 (Verbot der Berichterstattung über schwebende Spionageverfahren).

Gesetz betreffend die unter Ausschluß der Öffentlichkeit stattfindenden Gerichtsverhandlungen vom 5. April 1888 (RGBl. S. 133):

Artikel II (Zuwiderhandlungen gegen gerichtliche Schweigegebote bei wegen Gefährdung der Staatssicherheit unter Ausschluß der Öffentlichkeit geführten Prozessen).

Artikel III (Verbot der Preßberichterstattung und der Veröffentlichung von Akten über wegen Gefährdung der Staatssicherheit unter Ausschluß der Öffentlichkeit geführte Prozesse).

Artikel IV (Verbot Ärgernis erregender Berichterstattung über wegen Gefährdung der Sittlichkeit unter Ausschluß der Öffentlichkeit geführte Gerichtsverhandlungen[2]).

Einführungsgesetz zur Militärstrafgerichtsordnung vom 1. 12. 1898 (RGBl. S. 1289):

§ 18 *(Verbot der Preßberichterstattung und der Aktenveröffentlichung bei wegen Gefährdung der Staatssicherheit unter Ausschluß der Öffentlichkeit geführten Militärgerichtsprozessen).*

2. Haftung für den Inhalt der Druckschrift:

a) strafrechtlich[3]):

Bekanntmachung über Wohlfahrtspflege während des Krieges vom 15. 2. 1917 (RGBl. S. 143):

§ 1 (Genehmigungspflicht von Wohltätigkeitsveranstaltungen).

§ 11 (Bestrafung von Zuwiderhandlungen).

§ 12 (Beschränkung der preßrechtlichen Sonderhaftung aus § 21 PreßG. bei Zuwiderhandlung gegen diese Bekanntmachung).

b) zivilrechtlich:

Bürgerliches Gesetzbuch:

§§ 823 Abs. 2, 824, 826, 831 (Schadenshaftung für unerlaubte Handlungen, insbesondere für Beleidigung, üble Nach-

[1]) vgl. auch § 17 PreßG.
[2]) jetzt § 184b StGB.
[3]) vgl. hierzu §§ 20, 21 PreßG.

rede, Verleumdung und durch Veröffentlichung falscher Nachrichten verursachte Kreditschädigung).

Gesetz gegen den unlauteren Wettbewerb vom 7. 6. 1909 (RGBl. S. 499) abgeändert durch Gesetz vom 21.3. 1925 (RGBl. II S. 115):

§§ 1, 3, 13 (Haftung für unlautere Veröffentlichungen zu Wettbewerbszwecken, Beschränkung der Schadenshaftung der Presse für unlautere Anpreisungen (§ 3) auf die Fälle, in denen die Beteiligten (Redakteure, Verleger, Drucker, Verbreiter) ihre Unrichtigkeit kannten).

3. Strafvorschriften gegen unlautere Machenschaften und Preßbestechung:

Gesetz gegen den unlauteren Wettbewerb (s. o.):

§§ 4, 14, 15, 17 (Verbot der Veröffentlichung unlauterer Anpreisungen, betriebs- und kreditschädigender Mitteilungen sowie von auf unlautere Weise erlangten Geschäfts- oder Betriebsgeheimnissen).

Börsengesetz vom 8. 5. 1908 (RGBl. S. 215):

§ 88 (Verbot unlauterer Machenschaften zum Zwecke der Kursbeeinflussung),

§ 89 (Verbot aktiver und passiver Preßbestechung zum Zwecke der Kursbeeinflussung).

4. Zuständigkeit und Verfahren:

Einführungsgesetz zum Gerichtsverfassungsgesetz:

§ 6 (Recht der Länder, die schwurgerichtliche Zuständigkeit für die Aburteilung von Preßstrafsachen im bisherigen Umfang aufrecht zu erhalten).

Strafprozeßordnung (St. P. O.) in der Fassung v. 22. März 1924 (RGBl. S. 322 ff.):

§ 7 Abs. 2 (Beschränkung der örtlichen Zuständigkeit zur Aburteilung von Preßdelikten auf das Gericht des Erscheinungsortes).

§ 53 Nr. 4 (Zeugnisverweigerungsrecht der Redakteure, Verleger, Drucker und des technischen Personals periodischer Druckschriften über die Person des Verfassers einer strafbaren Veröffentlichung).

Gesetz zum Schutze der Republik (s. o.):

§ 20 (Beschlagnahme von Druckschriften wegen Verletzung des Republikschutzgesetzes).

Reichsstrafgesetzbuch:

§§ 41, 42 (Unbrauchbarmachung von Schriften strafbaren Inhalts).

Strafprozeßordnung:

§§ 430—432 (Verfahren bei Anordnung der Unbrauchbarmachung von Schriften).

5. Preßgewerberecht. Nichtgewerbsmäßige Verteilung von Druckschriften[1]). Postvertrieb politischer Zeitungen:

Reichsgewerbeordnung:

§ 14 Abs. 2 (Anzeigepflicht für den Betrieb des Preßgewerbes im sogen. stehenden Gewerbe).

§ 43 (Erlaubnis zur gewerbsmäßigen Druckschriftenverbreitung an öffentlichen Orten. Erlaubnisfreiheit der gewerbsmäßigen und nichtgewerbsmäßigen Verteilung von Wahldruckschriften und der nichtgewerbsmäßigen Druckschriftenverteilung in geschlossenen Räumen)[1]).

§§ 42a, 42b Abs. 3, 44 Abs. 4 in Verbindung mit *§ 56 Abs. 3 (fliegender Buchhandel mit Druckschriften).*

§§ 55 ff. (Wandergewerbe mit Druckschriften).

Postgesetz vom 28. 10. 1871 (RGBl. S. 347):

§§ 1, 2 (Monopol der Post zur Beförderung politischer Zeitungen),

§ 3 (Pflicht der Post zur Beförderung und zum Vertrieb politischer Zeitungen).

6. Zeitungsverbote[2]):

Republikschutzgesetz (s. o.):

§§ 21, 22 (vorübergehendes Verbot von Zeitungen und Zeitschriften wegen Vergehens gegen das Republikschutzgesetz).

7. Veröffentlichung von Strafurteilen durch die Presse[3]):

Strafgesetzbuch:

§ 200 (Publikation von Urteilen in Beleidigungsprozessen) ferner zahlreiche entsprechende Vorschriften in Sondergesetzen.

8. Sonderbeschränkungen der Preßfreiheit in den von den Truppen Frankreichs, Belgiens und Englands besetzten Gebieten:

Ordonnanz Nr. 294 vom 10. 2. 1925 *über die Ordnung der Presse.*

---

[1]) vgl. hierzu § 5, 30 Abs. 2 PreßG., sowie die Vertriebsbeschränkungen des § 1 Schund- und Schmutzgesetz (Anhang S. 88).

[2]) vgl. hierzu § 14 PreßG. (Verbot ausländ. Zeitungen) und Art. 48 RV (Zeitungsverbote kraft Ausnahmerechts).

[3]) vgl. hierzu § 10 PreßG. Art und Umfang der Abdruckspflicht bestimmt sich für die Presse lediglich nach § 10 PreßG., auch wenn das Gericht auf Grund anderer weitergehender Gesetzesvorschriften abweichende Anordnung getroffen hat.

Das deutsche Preßrecht

Das deutsche Preßrecht.

I. Kapitel.

Die begrifflichen und geschichtlichen Grundlagen des deutschen Preßrechts.[1])

A. Begriff und geistige Natur des deutschen Preßrechts.

Unter Preßrecht versteht man in Deutschland die Gesamtheit der Sondervorschriften, welche für die Betätigung der Geistesfreiheit durch den Druck gelten. Preßrecht ist also das für ein bestimmtes geistiges Lebensgebiet[2]) geltende Sonderrecht. Der Zweck der

[1]) „Presse" bedeutete zunächst nur das Werkzeug, mit dem ursprünglich alle Druckschriften hergestellt wurden. Heute versteht man im deutschen Sprachgebrauch unter „Presse" die Erzeugnisse der Buchdruckerkunst (Druckschriften im engeren Sinne), denen § 2 PreßG., abweichend vom Sprachgebrauch, die übrigen im Wege mechanischer oder chemischer Vervielfältigung hergestellten Verkörperungen geistigen Inhalts (Druckschriften im weiteren Sinne) gleichstellt. Als Presse im engeren Sinne bezeichnet man nur die periodische Presse (Zeitungen und Zeitschriften), ebenso aber auch die mit der geistigen Herstellung von Zeitungen (nicht auch Zeitschriften) als Redakteure, Verleger, ständige Mitarbeiter und dergl. berufsmäßig beschäftigten Personen. Die rein technische Herstellung und Verbreitung von Druckschriften und die dabei beteiligten Personen (Schriftgießer, Drucker, Setzer, Verbreiter) rechnen wohl zum Preßgewerbe, aber nicht zur Presse. Wo in deutschen Gesetzen ohne einschränkenden Zusatz von „Presse" die Rede ist, wird damit regelmäßig die Druckschrift und zwar die Druckschrift im weiteren Sinne bezeichnet; gelegentlich aber auch die zur Abfassung, Herstellung, Herausgabe und Verbreitung der Druckschrift erforderliche Tätigkeit (vgl. die Gegenüberstellung von „Preßerzeugnissen" und „Presse" in § 30 Abs. 3 PreßG.).

[2]) Preßrecht ist also nicht das „Recht der Druckschrift", wie man es vielfach bezeichnet hat, auch nicht das Sonderrecht der Verleger, Journalisten oder sonstigen an der Herausgabe der Druck-

rechtlichen Sonderregelung ist einerseits der, diese Art der Betätigung der Geistesfreiheit — mit Rücksicht auf ihre besondere Wichtigkeit für das Geistesleben des Einzelnen sowohl, wie für das der Gesamtheit — vor allen unnötigen Beschränkungen zu schützen, andererseits aber auch der, den Staat und die Allgemeinheit vor den Gefahren zu bewahren, die eine schrankenlose Betätigung der Geistesfreiheit gerade dann zur Folge haben kann, wenn sie durch das besonders wirksame Mittel der Druckschrift erfolgt.

Innerhalb des Preßrechts bezeichnet man als Preßverwaltungsrecht die Vorschriften zum Schutze der Freiheit der Presse gegenüber Eingriffen der staatlichen Verwaltung; als Preßgewerberecht die besonderen Vorschriften über Herstellung und Vertrieb von Druckschriften; als Preßpolizeirecht die über die äußere Ordnung der Presse, um Ordnungsstörungen, die durch den Inhalt von Preßerzeugnissen hervorgerufen und strafbaren Handlungen, die durch ihn begangen werden könnten, vorzubeugen und um ihre Verfolgung zu erleichtern; als Preßpolizeistrafrecht die Normen über die Strafbarkeit der Zuwiderhandlungen gegen die vorgenannten Ordnungsvorschriften; als Preßstrafrecht die Sondervorschriften über Strafbarkeit, Haftung für und Verfolgung von durch den Inhalt von Druckschriften begangene Straftaten. Diese herkömmliche Unterteilung des Preßrechts ist jedoch nicht vollständig. Zum Preßrecht gehören auch die gesetzlichen Bestimmungen, welche die Presse mit der Auflage belasten, ihre Wirkungsmacht staatlichen Zwecken zur Verfügung zu stellen (z. B. die über die Pflicht zur Abgabe von Freiexemplaren an Bibliotheken und zur Aufnahme von amtlichen Bekanntmachungen in periodische Druckschriften). Zum Preßrecht im weiteren Sinne rechnen aber auch die Vorschriften, die zwar nicht unmittelbar die Kundgebung des Ge-

---

schriften beteiligten Personen. Nicht Sachen oder Personen, sondern ein Stück Geistesleben ist es, das durch das Preßrecht in gesetzlich geregelte Bahnen geleitet wird, und nur der wird die richtige Einstellung zu diesem Sonderrecht finden, der stets im Auge behält, daß das Leben und vor allem das Geistesleben nicht eine greifbar feste, stets gleichgeformte Sache, sondern ein ständigem Wechsel und ständiger Erneuerung unterworfener Vorgang ist (vgl. die gerade in dieser Beziehung sehr instruktive Integrationslehre von Smend, „Verfassung und Verfassungsrecht“ S. 18ff.).

dankens durch den Druck betreffen, die aber doch mittelbar die geistige Tätigkeit der Presse fördern und vor schädlichen Einflüssen schützen sollen, wie das Journalistenrecht[1]), und neuerdings auch der Nachrichtenschutz[2]).

Nur Sondervorschriften über die Betätigung der Geistesfreiheit durch den Druck rechnen zum Preßrecht. Gesetze und Verordnungen, deren Anwendungsgebiet nicht auf Druckschriften beschränkt ist, sondern die allgemein für jede Form einer Gedankenäußerung gelten, gleichviel, ob sie durch Verbreitung von Druckschriften oder mündlich, schriftlich, durch Rundfunk, optische Projektion oder sonstige Mittel bewirkt wird, sind nicht preßrechtlicher, sondern allgemeiner Natur. Doch verliert eine speziell für Druckschriften geltende Vorschrift ihren preßrechtlichen Charakter noch nicht dadurch, daß sie durch Ausdehnung ihres Anwendungsgebietes auf einzelne andere Mittel der Gedankenverbreitung die Natur einer gemischten, teils preßrechtlichen, teils andersartigen Sondervorschrift annimmt.

Andererseits sind auch nicht alle Vorschriften, die speziell für Druckschriften gelten, preßrechtlicher Natur. Nur als Gegenstand des eingangs erwähnten geistigen Lebensvorgangs, d. h. in der den eigentlichen Bestimmungszweck jeder Druckschrift ausmachenden Eigenschaft als Kundgebungsmittel geistig erfaßbarer Gedanken und Vorstellungen ist die Druckschrift Gegenstand des Preßrechts. Gesetze und Verordnungen, welche bestimmte Rechtshandlungen mit Druckschriften nicht wegen ihres geistigen Inhalts, sondern lediglich aus außerhalb desselben liegenden Gründen verbieten, beschränken oder in sonstiger Weise regeln, sind nicht preßrechtlicher Natur. Nicht zum Preßrecht gehören z. B. die gesetzlichen Vorschriften über Einfuhr und Verzollung von Druckschriften, über Ausfuhr von Zeitungen aus Seuchengebieten oder über den Handel mit Wertpapieren oder Staatslotterielosen. Sondervorschriften nichtpreßrechtlicher Natur sind auch die Vorschriften, welche zwar die Druckschrift als Geisteserzeugnis, aber nicht als Geisteswaffe, d. h. nicht unter dem Gesichtspunkt ihrer geistigen Wirkungs-

---

[1]) Siehe S. 70ff.

[2]) Siehe S. 76ff.

kraft betreffen. Hierher gehören insbesondere die Vorschriften des Urheberrechts, die lediglich die Frage regeln, in welcher Weise dem Urheber einer geistigen Schöpfung — gleichviel welchen Inhalts — die Früchte seiner Arbeit zu sichern sind[1]). Auch straßenpolizeiliche Vorschriften, z. B. über das Verkaufen und Auslegen von Zeitungen oder anderen Druckschriften, sind so lange nicht preßrechtlicher Natur, als sie ohne Rücksicht auf die geistigen Wirkungsmöglichkeiten des Inhalts lediglich zur Ordnung des Straßenverkehrs erlassen worden sind. Das gleiche gilt für die Vorschriften zur Heilighaltung der Sonn- und Feiertage.

B. Anwendungsgebiet des deutschen Preßrechts.

Die Druckschrift als Mittel und die Verbreitung als Form der durch das Preßrecht geregelten Geistesbetätigung (§§ 2, 3, PreßG.).

Das Mittel der durch das Preßrecht besonders geregelten Betätigungsart der Geistesfreiheit ist die Druckschrift[2]). Als Druckschriften bezeichnet das deutsche Preßrecht nicht nur die eigentlichen Erzeugnisse der Buchdruckerpresse (Druckschriften im engeren Sinne), sondern alle zur Verbreitung bestimmten, mittels eines zur Massenvervielfältigung geeigneten Verfahrens auf mechanischem oder chemischem

[1]) Da das Urheberrecht die materiellen Interessen des Urhebers nicht nur um ihrer selbst willen, sondern auch deshalb schützt, um so dem geistigen Arbeiter die ersprießliche Fortsetzung seiner Tätigkeit zu ermöglichen, so kann man das literarische Urheberrecht ebenso zum Preßrecht im weiteren Sinne rechnen, wie das Recht des Nachrichtenschutzes und das Journalistenrecht (s. o. S. 2/3.

[2]) Das Reichspreßgesetz spricht bald von „Druckschrift", bald von „Presse" (über die Identität beider Beziehungen vgl. S. 1 Anm. 1); es enthält Sondervorschriften für folgende Arten von Druckschriften: Periodische Druckschriften (§ 7), amtliche Druckschriften (§ 12), Korrespondenzen (§ 13), ausländische periodische Druckschriften (§ 14). Eine Ausnahmevorschrift enthält das Reichsgesetz betr. Stimmzettel für öffentliche Wahlen v. 12. März 1884 (RGBl. S. 17), das Stimmzetteln den Druckschriftencharakter abspricht (Wortlaut Anhang S. 88).

Wege hergestellten körperlichen Vervielfältigungen geistigen Inhalts (Druckschriften im weiteren Sinne). Dabei ist geistig im weitesten Sinne des Wortes zu verstehen. Es genügt, daß die Druckschrift etwas verstandesmäßig Erfaßbares versinnbildlicht und dadurch im Hirn des Lesers oder Beschauers eine entsprechende geistige Vorstellung hervorzurufen vermag. Daß sie eine Meinung oder einen eindeutig bestimmbaren Gedanken enthält, wird nicht gefordert. Auch nichtssagende Porträt- oder Landschaftsphotographien sind Druckschriften. Ebenso Musikalien mit Begleittext oder Erläuterungen, die über das rein Technische (Sing- oder Spielweise, Tempo, Fingersatz usw.) hinausgehen. Druckschriften im weiteren Sinne sind auch Gravüren, Stiche und plastische Vervielfältigungen, sowie besungene oder besprochene Grammophonplatten. Dagegen fallen Rundfunkübertragungen, Filmvorführungen[1]), Lichtbildprojektionen oder Lichtreklamen, wie z. B. die heute vielfach gebrauchte Lichtwanderschrift nach dem gegenwärtigen Stand der deutschen Gesetzgebung nicht unter das Preßrecht, weil hier entweder keine mechanisch oder chemisch bewirkte Vervielfältigung oder kein der körperlichen Verbreitung fähiges Produkt einer solchen Vervielfältigung vorhanden ist, das man mit einer Druckschrift vergleichen und ihr rechtlich gleichstellen könnte. Keine Druckschriften sind mündliche und handschriftliche Mitteilungen. Auch mit Schreibmaschine hergestellte Vervielfältigungen sind keine Druckschriften, da sie nicht mittels eines zur Massenvervielfältigung geeigneten technischen Verfahrens angefertigt sind[2]). Papiergeld, Spielkarten und Gebrauchsgegenstände mit Inschriften oder Bildern sind regelmäßig keine Druckschriften, es sei denn, daß ihre Beschriftung oder Illustrierung nicht nur dem wirtschaftlichen Zweck der Sache dient oder rein verzierenden Charakter trägt, sondern auch den Zweck verfolgt, bestimmte geistige Vorstellungen unter das Publikum zu tragen, wie dies z. B. bei Spielkarten mit

---

[1]) Ob der Bildstreifen selbst als Druckschrift anzusehen ist, ist streitig. Da er nicht zur körperlichen Verbreitung als Druckschrift, sondern zur unkörperlichen Verbreitung durch Projektion bestimmt ist, so dürfte ihm die Eigenschaft als Druckschrift regelmäßig abzusprechen sein.

[2]) RGSt. Bd. 47 S. 244.

politischem Propagandaaufdruck oder bei Gebrauchsgegenständen mit sexuellen Bildern der Fall ist.

Gegenstand des Preßrechts ist jedoch nicht die Druckschrift, sondern, wie bereits oben ausgeführt, die auf Kundgebung geistigen Stoffes durch den Druck gerichtete Tätigkeit. Die Anwendbarkeit des Preßrechts und insbesondere der Vorschriften über die Freiheit der Presse beginnt also nicht etwa erst dann, wenn eine fertige Druckschrift vorliegt, vielmehr umfaßt das Preßrecht auch die zur Kundgebung geistigen Stoffes durch den Druck gehörige Vorbereitungstätigkeit. Das zum Druck bestimme Manuskript, die zu seiner Drucklegung erforderlichen Vervielfältigungsmittel, ja selbst die zur Herstellung des Manuskripts erforderliche Verfassertätigkeit sind durch die Preßfreiheit ebenso geschützt, wie die fertige Druckschrift und ihre Verbreitung.

Zur Kundgebung geistigen Stoffes durch den Druck gehört die Verbreitung der Druckschrift[1]). Eine Druckschrift, die nicht verbreitet wird, hat ihren Zweck verfehlt. Ist eine Druckschrift ausnahmsweise überhaupt nicht zur Verbreitung, sondern nur zum Eigengebrauch eines Einzelnen bestimmt, so ist sie nicht Gegenstand der durch das Preßrecht geregelten Geistesbetätigung, und es ist infolgedessen auch für die Anwendung der preßrechtlichen Vorschriften zum Schutze der Freiheit der Presse in solchem Falle kein Raum[2]).

Verbreitung ist die Tätigkeit, durch welche die Druckschrift aus dem engeren Kreise der an ihrer Herstellung Beteiligten (Verfasser, Drucker, Verleger, Redakteur usw.) heraus an die Außenwelt gebracht wird. Ob dies durch körperliche Überlassung der Druckschrift an Dritte oder durch bloße körperliche Zugänglichmachung ihres Inhalts (z. B. durch Anschlagen, Ausstellen, Auslegen) geschieht, ist nach ausdrücklicher Vorschrift

---

[1]) Der Begriff der Verbreitung ist im Preßrecht selbst nicht definiert und im einzelnen bestritten. Nachfolgende Darstellung ist daher unter Verzicht auf alle strittigen Grenzfragen auf das wichtigste beschränkt geblieben.

[2]) Bestritten. Die Anwendbarkeit des Preßrechts auf solche Fälle wird verneint in RGSt. 24, 64 und von RG. in Goltd. Arch. 43, 402, dagegen unter Berufung auf den Wortlaut des § 6 Abs. 1 PreßG. bejaht von Kitzinger S. 14 und Mannheim S. 6.

des § 3 PreßG. belanglos. Erforderlich ist nur eine körperliche Zugänglichmachung der Druckschrift selbst oder ihres Inhalts, während bloßes Vorlesen oder das Vorspielen einer Musikalie keine Verbreitung darstellt[1]). Andererseits genügt zur Verbreitung die körperliche Zugänglichmachung. Daß irgend jemand von dem ihm zugänglich gemachten Inhalt, z. B. durch Lesen des Buchs, tatsächlich Kenntnis nimmt, ist nicht erforderlich. Die Verbreitung der Druckschrift erfordert einen größeren Personenkreis. Die nur vertrauliche Zugänglichmachung an einige wenige Personen ist noch keine Verbreitung. Dagegen ist die Zugänglichmachung an viele, wenn auch individuell ausgewählte Personen Verbreitung, und zwar nichtöffentliche Verbreitung, im Gegensatz zur öffentlichen Verbreitung, bei der die Druckschrift jedem Beliebigen zugänglich gemacht wird (auch „Veröffentlichung" genannt).

C. Geschichte und rechtliche Regelung des deutschen Preßrechts.

Die Geschichte des deutschen Preßrechts ist nur wenig jünger als die Erfindung der Buchdruckerkunst. Sobald die staatlichen Gewalten und vor allem die Kirchenfürsten des deutschen Mittelalters die Macht der Presse als Geisteswaffe erkannt hatten, erließen sie als erste preßrechtliche Vorschriften Zensurverordnungen. Diese galten zunächst nur in einzelnen Gebieten des Deutschen Reiches, bis durch den Reichsabschied von Speyer (1529) die staatliche Zensur von Reichs wegen eingeführt wurde. Dem Vorbild des französischen Preßgesetzes von 1823 folgend, wurde sie zuerst im Großherzogtum Baden durch das Badische Gesetz über die Polizei der Presse vom 28. XII. 1831 wieder aufgehoben. Doch mußte dieses Gesetz nach einer Geltungsdauer von wenigen Monaten wieder außer Kraft gesetzt werden, weil die Aufhebung den Karlsbader Beschlüssen der deutschen Bundesfürsten vom 20. September 1819 zuwiderlief, welche die Aufrechterhaltung der Zensur den Mitgliedern des Deutschen Bundes zur feierlichen Pflicht gemacht hatten. Die revolutionären Ereignisse des Jahres 1848 brachten auch in Deutschland das Ende der Zensur, aber einzelne Sonderbeschränkungen

[1]) RGSt. 15, 120; 47, 226 RRspr. 8, 780.

der Presse, wie die Konzessionspflicht für das Zeitungsgewerbe, die Kautionspflicht der Verleger für die Zahlung von Geldstrafen und Kosten und die Sonderbesteuerung der Presse durch den Zeitungsstempel blieben bestehen, bis im Jahre 1874 die Rechtsverhältnisse der Presse für das ganze Deutsche Reich durch das Reichsgesetz über die Presse vom 7. Mai 1874[1]) einheitlich geregelt wurden.

Das ältere Preßrecht war so gut wie ausschließlich polizeilicher Natur. Es sollte Staat und Allgemeinheit vor der „Gefährlichkeit der Presse" schützen. Das heutige deutsche Preßrecht ist ein Kompromiß zwischen zwei ständig ringenden Gewalten, nämlich dem staatlichen Selbstbehauptungstrieb und dem Drang des Individuums nach Geistesfreiheit. Indem es den Schutz der Preßfreiheit in die erste Linie stellt, hat es den Grundcharakter eines geistigen Schutzrechts angenommen. Die zur Abwehr eines Mißbrauchs der Preßfreiheit beibehaltenen besonderen polizeilichen und strafrechtlichen Bestimmungen sind in die zweite Linie gerückt.

Das deutsche Preßrecht ist überwiegend öffentliches Recht. Es bestimmt die beiderseitigen Rechte und Pflichten von Staat und Staatsbürger in bezug auf die Gedankenäußerung durch den Druck und grenzt in diesem Rahmen insbesondere die Freiheit des Einzelnen gegenüber den staatlichen Hoheitsbefugnissen ab. Dies gilt insbesondere von den Vorschriften des Reichspreßgesetzes, die, abgesehen von unbedeutenden Nebenvorschriften, sämtlich öffentlich-rechtlicher Natur sind. Es gibt auch preßrechtliche Bestimmungen zivilrechtlicher Natur[2]). Doch sind auch diese preßrechtlichen Vorschriften des bürgerlichen Rechts entweder lediglich Nebenbestimmungen, die den öffentlich-rechtlichen Vorschriften zur Vermeidung unbilliger Härten hinzugefügt sind (z. B. in § 11 PreßG. die Pflicht zur Zahlung der Einrückungsgebühren für die den Raum der zu berichtigenden Mitteilung überschießenden Zeilen einer Berichtigung), oder die durch sie getroffene Regelung über private Rechtsgüter ist nur Mittel zur Wahrung öffentlicher Interessen (z. B. die zur Sicherung der geistigen Bewegungsfreiheit der Presse gewährte Abschwächung

---

[1]) Wortlaut Anhang S. 81.

[2]) Vgl. S. 21.

ihrer zivilrechtlichen Schadenshaftung in § 13 Abs. 2 Nr. 1 des Gesetzes gegen den unlauteren Wettbewerb)[1]). Trotz des Vorhandenseins einzelner Vorschriften zivilrechtlicher Natur bleibt also der Grundcharakter des deutschen Preßrechts ein öffentlich-rechtlicher.

Das Reichspreßgesetz stellt eine erschöpfende reichsrechtliche Regelung der Rechtsverhältnisse der Presse dar, durch welche das in den einzelnen deutschen Ländern bestehende Preßrecht grundsätzlich außer Kraft gesetzt und auch das Recht zum Erlaß neuer landespreßrechtlicher Vorschriften und insbesondere zur Anordnung von Beschränkungen der Preßfreiheit ausgeschlossen worden ist[2]). Ausnahmsweise aufrechterhalten ist das Recht der Landesgesetzgebung zur selbständigen Sonderregelung des Plakat- und Flugschriftenwesens (§ 30 Abs. 2 PreßG.)[3]), zur Regelung der Abgabepflicht von Freiexemplaren an Bibliotheken und öffentliche Sammlungen (§ 30 Abs. 3 PreßG.)[4]), zum Erlaß von Strafvorschriften wegen Verletzung dieser landesrechtlichen Vorschriften (§ 2 Abs. 2 Einführungsgesetz zum Strafgesetzbuch), sowie das Recht, die schwurgerichtliche Zuständigkeit für die Aburteilung von Preßstrafsachen in dem Umfange aufrechtzuerhalten, in welchem sie bei Inkrafttreten des Reichspreßgesetzes bestand[5]). Soweit die Länder von dem ihnen hiernach vorbehaltenen Recht zum Erlaß eigener Gesetze oder Verordnungen keinen Gebrauch machen, gelten auch auf diesen Rechtsgebieten die gesetzlichen Vorschriften des Reichsrechts.

Das Reichspreßgesetz hat seit seinem Bestehen nur zweimal eine Abänderung erfahren. Durch die Novelle zur Gewerbeordnung vom 1. VII. 1883 (RGBl. S. 154) wurde der § 5 unwesentlich geändert und durch das sogenannte Spionagegesetz vom 3. VI. 1914 (RGBl. S. 195) ist der § 15 PreßG. aufgehoben worden. Ein dritter Abänderungsentwurf, der den § 8 dahin ergänzen soll, daß Abgeordnete und Exterritoriale nicht verantwortliche Redakteure sein dürfen[6]), liegt

[1]) Vgl. S. 21.
[2]) Vgl. S. 14/15.
[3]) Vgl. S. 44, 55.
[4]) Vgl. S. 48.
[5]) Vgl. S. 63.
[6]) Vgl. S. 54.

zur Zeit dem Reichstag zur Beschlußfassung vor. Ein neues Reichspreßgesetz, welches das gesamte deutsche Preßrecht mit den seit 1874 wesentlich veränderten Aufgaben und Bedürfnissen der Presse in Einklang bringen soll, wird gegenwärtig im Reichsministerium des Innern vorbereitet. Über die neben dem Reichpreßgesetz bestehenden preßrechtlichen Einzelvorschriften der verschiedenen Reichsgesetze vgl. die Übersichtstafel auf Seite XVII ff.

II. Kapitel.

Die Freiheit der Presse (§ 1 PreßG.).

A. Begriff und rechtliche Sicherung der Preßfreiheit.

Die deutsche Reichsverfassung vom 11. VIII. 1919 gewährt in Artikel 118[1]) allen Deutschen das Recht, innerhalb der Schranken der allgemeinen Gesetze ihre Meinung durch Wort, Schrift, Druck oder Bild frei zu äußern. Die gleiche Vorschrift enthält ein unbedingtes Verbot jeder Vorzensur, die nur noch für Lichtspiele (Filme) und Lichtspielreklamen[2]) und zur Bekämpfung der die Jugend gefährdenden Schund- und Schmutzliteratur[3]) zulässig ist. Neben dieser durch die Verfassung geschützten Freiheit der Meinungsäußerung verbürgt § 1 des Reichsgesetzes über die Presse vom 7. V. 1874 (RGBl. S. 65)[4]) die eigentliche Preßfreiheit, und zwar ohne Unterschied, ob es sich um Deutsche oder um Ausländer handelt. Die Preßfreiheit im Sinne der letzteren Vorschrift ist nicht identisch mit dem durch Art. 118 RV. gewährleisteten Grundrecht der freien Meinungsäußerung durch den Druck. Denn während Art. 118 die dem einzelnen Deutschen zustehende Preßfreiheit materiell abgrenzt und dabei notwendigerweise diese Freiheit nur insoweit gewährt, als sich ihre Ausübung „innerhalb der Schranken der allge-

[1]) Siehe Anhang S. 80.

[2]) Vgl. §§ 1, 3, 5 des Lichtspielgesetzes vom 12. Mai 1920 (RGBl. S. 953).

[3]) Gesetz zur Bewahrung der Jugend vor Schund- und Schmutzschriften vom 18. Dezember 1926 (RGBl. S. 505), Wortlaut S. 88.

[4]) Siehe Anhang S. 81.

meinen Gesetze", vor allem also der Straf- und Polizeigesetze hält, grenzen die Vorschriften des Preßgesetzes rein formell die Rechte des Staats und seiner Behörden gegenüber dem sich des Mittels der Presse bedienenden Staatsbürger ab. Sie beschränken die allgemeinen Hoheitsrechte des Staats gegenüber der Presse ohne Rücksicht darauf, ob es sich im einzelnen Falle materiell um eine erlaubte oder um eine gesetzwidrige Pressetätigkeit, ob es sich um eine Meinungsäußerung oder um eine sonstige Mitteilung (z. B. eine bloße Nachricht), ob es sich um einen Deutschen oder einen Ausländer handelt[1]).

Diese sogenannte formelle Preßfreiheit, die demnach viel weitergehend ist als die nur „innerhalb der Schranken der allgemeinen Gesetze"[2]) gewährleistete materielle Freiheit der Meinungsäußerung, ist nur reichsgesetzlich, nicht verfassungsrechtlich gesichert. Da jedes spätere Reichsgesetz einem früheren vorgeht, so könnte sie also durch einfaches Reichsgesetz — dagegen nicht durch Landesgesetz[3]) — beschränkt oder aufgehoben werden. Anders steht es mit der Vorzensur. Sie ist durch die Verfassung schlechthin verboten und kann daher — abgesehen von der Möglichkeit, sie unter Ausnahmerecht vorübergehend zu verhängen[4]) — nur durch eine Änderung der Reichsverfassung bzw. durch ein verfassungsänderndes Reichsgesetz wieder eingeführt werden. Preß- und Zensurfreiheit bestehen in Deutschland bereits seit dem Jahre 1848. Ihre vollständige Beseitigung kommt daher praktisch nicht mehr in Frage.

---

[1]) Vgl. S. 29 ff.

[2]) Die Bedeutung dieser Einschränkung ist strittig. Unstreitig ist, daß die Strafgesetze und die hier vor allem in Frage kommenden Polizeigesetze zu den „allgemeinen Gesetzen" gehören, so daß die Verfassung weder vorbeugendem noch unterdrückendem polizeilichen Einschreiten gegen die Presse entgegensteht, sofern es nur auf Grund gesetzlicher Vollmacht geschieht. (Näheres über diese Frage siehe bei Häntzschel, Archiv für öffentliches Recht 1926, S. 228 ff., Rothenbücher in Veröffentlichungen der Vereinigung der deutschen Staatsrechtslehrer, Heft 4 (1927) S. 6 ff., Smend ebenda S. 44 ff.)

[3]) Vgl. oben S. 9, unten S. 14, 15.

[4]) Vgl. S. 19/20.

B. Die geistige Natur der Preßfreiheit.

Der geistigen Natur des Preßrechts[1]) entsprechend, ist die Preßfreiheit eine g e i s t i g e Freiheit. Sie soll die freie Entfaltung der Gedanken- und Meinungsfreiheit des einzelnen Staatsbürgers auf dem Gebiete besonders schützen, wo er sie am wirksamsten betätigen und wo sie infolgedessen auch am wirksamsten unterdrückt werden kann, nämlich auf dem der Presse. Sie soll ferner der p e r i o d i s c h e n und insbesondere der p o l i t i s c h e n P r e s s e die Möglichkeit geben, die öffentlichen Angelegenheiten der allgemeinen Kritik zu unterbreiten, öffentliche Mißstände aufzudecken, Vorschläge zu ihrer Verbesserung zu erörtern und so die geistige Wechselwirkung herbeizuführen, deren Ergebnis man als „ö f f e n t l i c h e M e i n u n g" bezeichnet. Die Preßfreiheit schützt demgemäß die Presse nur dort, wo es sich um ihre Eigenschaft als M i t t l e r i n g e i s t i g e r G e d a n k e n u n d V o r s t e l l u n g e n[2]) handelt. Gegenüber einer r e i n straßenpolizeilichen[3]), nur die Verbreitung regelnden Verordnung, gegenüber einer gesundheits- oder baupolizeilichen Verfügung zur Räumung eines Zeitungsgebäudes wegen Seuchen- oder Einsturzgefahr, gegenüber der Beschlagnahme einer gestohlenen Buchauflage oder gegenüber den auf Grund der sogenannten Verunstaltungsgesetze der Länder lediglich im Interesse der Erhaltung des äußeren Orts- oder Landschaftsbildes angeordneten Beschränkungen kann sich dagegen niemand auf die Vorschriften über die Freiheit der Presse berufen; denn alle diese beschränkenden Anordnungen richten sich nicht gegen die Betätigung der Geistesfreiheit durch den Druck.

C. Gegenstand, Inhalt und Schranken der Preßfreiheit.

Gegenstand des Schutzes der Preßfreiheit ist die g e s a m t e[4]) T ä t i g k e i t, w e l c h e z u r V e r b r e i t u n g g e i s t i g e n S t o f f e s d u r c h D r u c k s c h r i f t e n g e h ö r t. Die Preßfreiheit schützt also sowohl V o r b e r e i t u n g u n d H e r s t e l l u n g wie H e r a u s g a b e, V e r t r i e b, B e f ö r d e-

[1]) Vgl. S. 1 ff.

[2]) Im weitesten Sinne! Auch der nicht eine Meinung oder einen bestimmten Gedanken wiedergebende Zeitungsinhalt (Kurszettel, Stellenmarkt usw.) steht unter dem Schutz der Preßfreiheit (vgl. S. 5).

[3]) Siehe o. S. 4.

[4]) Vgl. S. 6 oben.

rung und Verbreitung der Druckschrift. Diese Tätigkeiten sind durch die in § 1 PreßG. gewährte Preßfreiheit gegen alle beschränkenden Eingriffe der Regierungs-, Verwaltungs- und insbesondere der Polizeibehörden geschützt. Dabei macht es keinen Unterschied, ob es sich um Anordnungen und Maßnahmen handelt, welche die Ausübung dieser Tätigkeit unmittelbar beschränken (z. B. durch Veröffentlichungs- oder Verbreitungsverbote, Verbot der Weiterbeschäftigung bestimmter Redakteure, Verbot an bestimmte Personen, nicht in Zeitungen zu schreiben[1]), Beschlagnahme der Manuskripte, Druckschriften oder Maschinen, Schließung der Druckerei usw.), oder ob es sich lediglich um preßpolizeiliche Ordnungsvorschriften[2]) handelt, die mittelbar auf die Gestaltung des Inhalts der Druckschrift in der Weise einwirken sollen, daß sie die Begehung von Preßdelikten erschweren oder ihre Strafverfolgung erleichtern.

Die Preßfreiheit begründet also für jedermann, der sich zur Verbreitung geistigen Stoffes des Mittels der Presse bedient, eine rechtliche Ausnahmestellung gegenüber der Verwaltung (nicht auch gegenüber den Organen der Rechtspflegen)[3]), indem sie Anordnungen und Maßnahmen, welche die Verwaltungsbehörden im Interesse der Aufrechterhaltung der öffentlichen Sicherheit und Ordnung und insbesondere zur Verhütung strafbarer Handlungen auf Grund ihrer allgemeinen gesetzlichen Vollmachten und insbesondere auf Grund der Polizeigesetze an sich gegen jedermann vornehmen könnten, für unzulässig erklärt, sobald sie sich unmittelbar oder mittelbar gegen die geistige Tätigkeit der Presse richten.

---

[1]) Aufrechterhalten sind dagegen die Beschränkungen des Beamtenrechts und des Wehrgesetzes, welche Beamten und Wehrmachtsangehörigen die Annahme von Nebenbeschäftigungen jeder Art und damit zugleich auch die Übernahme einer redaktionellen Nebenbeschäftigung (nicht nur gelegentliche Mitarbeiterschaft) ohne Genehmigung der vorgesetzten Behörde verbieten und welche Wehrmachtsangehörigen außerdem jede politische Betätigung, gleichviel welcher Art, untersagen; denn diese Beschränkungen sind nicht preßrechtlicher, sondern — im Verhältnis zum Preßrecht — allgemeiner Natur.

[2]) Über den Begriff vgl. S. 32.

[3]) Vgl. unten S. 15.

Diese formelle Preßfreiheit ist, wie bereits oben[1]) ausgeführt wurde, deshalb besonders weitgehend, weil sie die Presse auch dann vor Eingriffen der Verwaltung schützt, wenn sie offenbar im Begriff ist, etwas Gesetzwidriges zu tun. Dieser weitgehende Schutz ist jedoch nötig, da andernfalls die Presse auch dann, wenn sie nicht gegen die Gesetze verstieße, gewärtig sein müßte, infolge irriger oder zu weit gehender Anwendung der zur Vorbeugung strafbarer oder polizeiwidriger Handlungen gegebenen allgemeinen gesetzlichen Vollmachten von den politischen Verwaltungsbehörden über Gebühr in ihrer Freiheit beschränkt zu werden. In dieser weitgehenden Sicherung der Presse auch gegenüber etwaigen Mißgriffen der staatlichen Verwaltung liegt eine der Hauptstützen der deutschen Preßfreiheit!

Die Preßfreiheit umfaßt den gesamten geistigen Inhalt der Druckschrift einschließlich des Anzeigenteils der periodischen Presse. Das mag befremdlich erscheinen, wenn man bedenkt, daß die Preßfreiheit an sich nur zum Schutze der Geistesfreiheit da ist, und daß es der redaktionelle und nicht der Anzeigenteil ist, der das geistige Rückgrat der Presse darstellt. Aber diese Ausdehnung der Preßfreiheit auch auf den vorwiegend nur wirtschaftlichen Interessen dienenden Anzeigenteil wird erklärlich, wenn man berücksichtigt, daß fast die gesamte deutsche Presse nicht von dem Entgelt der Zeitungsbezieher, sondern von den Einnahmen des Anzeigengeschäfts lebt. Könnte die staatliche Verwaltung die Freiheit des Anzeigenteils beschränken, so wäre sie praktisch auch in der Lage, die ihnen politisch unbequeme Presse durch fortgesetzte Eingriffe in den Inseratenteil wirtschaftlich so zu schädigen, daß ihr nur die Wahl zwischen Änderung der politischen Schreibweise oder Aufgabe der Zeitung bliebe. Bei der nichtperiodischen Presse, z. B. bei Plakaten und Flugblättern, kommt hinzu, daß hier die Unterscheidung zwischen Anzeigen und anderen Veröffentlichungen überhaupt kaum durchführbar wäre.

Gegenüber der Gesetzgebung gewährt die Preßfreiheit nur insoweit Schutz, als ihre reichsrechtliche Regelung das Recht der deutschen Länder zum Erlaß preßrechtlicher Gesetze und Verordnungen ausschließt. Dies folgt aus Art. 12 RV., der die Gesetzgebungs-

[1]) S. 11.

und Verordnungsgewalt der Länder auf den Rechtsgebieten grundsätzlich beseitigt, auf welchen das Reich von seiner eigenen Gesetzgebungsgewalt erschöpfend Gebrauch gemacht hat[1]). Im Übrigen ist die Presse den allgemeinen Gesetzen des Staates, insbesondere also den Vorschriften des Straf- und bürgerlichen Rechts ebenso unterworfen wie jeder andere Staatsbürger. Jedes Reichsgesetz kann neue, die Freiheit der Presse beschränkende Vorschriften einführen[2]). Auch ist das Recht der Länder zum Erlaß von Gesetzen und Verordnungen, welche bestimmte Veröffentlichungen nicht nur für die Presse, sondern ganz allgemein, d. h. also auch für die mündlich, schriftlich, durch Rundfunk oder in sonstiger Weise erfolgende Bekanntgabe verbieten, nicht beschränkt[3]). Preßfreiheit gegenüber der Gesetzgebung bedeutet also keine Bevorrechtigung der Presse, sondern nur Fehlen von Ausnahmegesetzen gegen die Presse.

Auch gegenüber der Rechtspflege gewährt die Preßfreiheit grundsätzlich keine Vorzugsstellung. Gegen die durch die Presse begangenen strafbaren Handlungen können sowohl die Gerichte wie die zur Unterstützung der Justiz als deren Hilfsorgane tätig werdenden nichtrichterlichen Behörden (Staatsanwaltschaft, gerichtliche Polizei) in der üblichen Weise einschreiten. Da Preßdelikte regelmäßig erst mit dem ersten Verbreitungsakt begangen sind, so ist vorher gewöhnlich auch ein Einschreiten der Organe der Rechtspflege ausgeschlossen. Um jedoch die Gefahren zu beschränken, die der Presse durch die Beteiligung nichtrichterlicher Behörden an der Tätigkeit der Justiz und insbesondere an der Vorbereitung der Strafprozesse erwachsen können, hat das Preßgesetz durch besondere Vorschriften hier die Freiheit der Presse in einzelnen Beziehungen noch erweitert[4]). Auch die Befugnisse der Zivilgerichte sind durch das Preßgesetz nicht beschränkt. Durch Zivilgerichtsurteil kann insbesondere auf Unterlassung der Fortsetzung bestimmter Veröffentlichungen in Druckschriften erkannt werden, sofern diese, z. B. wegen ihres unwahren und gleichzeitig kreditschädigenden Charakters, eine zum Schadens-

[1]) Vgl. oben S. 9.

[2]) Vgl. jedoch bzügl. des Verbots der Vorzensur S. 11.

[3]) Über die zahlreichen Veröffentlichungsverbote allgemeiner Natur siehe die Tafel S. XVII ff.

[4]) Näheres siehe S. 20 ff., 58 ff., 63 ff.

ersatz verpflichtende und deshalb eine Unterlassungsklage begründende Handlung darstellen. Ebenso kann das Gericht zur einstweiligen Sicherung eines solchen zivilrechtlichen Anspruches auf Antrag des Geschädigten eine einstweilige Verfügung erlassen[1]).

D. Die gesetzlich angeordneten oder zugelassenen Beschränkungen der Preßfreiheit.

Der vorbezeichnete Freiheitszustand der Presse, dessen Inhalt und Schranken mangels näherer Angaben des Gesetzes selbst rein geschichtlich danach zu bestimmen waren, was man 1874 unter Preßfreiheit verstand, wird durch § 1 PreßG. als gesetzlicher Normalzustand für die rechtliche Stellung der Presse im Deutschen Reich eingeführt. Jedoch nur als Normalzustand. Im PreßG. selbst sowohl wie in anderen Reichsgesetzen sind zahlreiche Ausnahmevorschriften vorhanden, welche den regelmäßigen Umfang der Preßfreiheit teils einengen, teils auch erweitern.

Beschränkende Ausnahmen von der in § 1 PreßG. erwähnten Preßfreiheit enthalten zunächst die Vorschriften über die Ordnung der Presse[2]) insofern, als auch sie der Presse bestimmte besondere Bindungen auferlegen, denen sie nach den allgemeinen Gesetzen nicht unterworfen wäre. Eine besondere Beschränkung der Presse enthalten auch die preßstrafrechtlichen Vorschriften der §§ 20 Abs. 2, 21 PreßG.[3]), indem sie bei Preßdelikten eine von den allgemeinen Strafgesetzen abweichende Sonderhaftung des verantwortlichen Redakteurs und der übrigen Beteiligten vorsehen.

Von besonders einschneidender Bedeutung für die Tätigkeit der Presse sind die Beschränkungen, welche man als Veröffentlichungsverbote bezeichnet. Hier sind zunächst die unter die Vorschriften über die „Ordnung der Presse“ aufgenommenen §§ 16, 17, PressG. zu nennen. Die erstere Vorschrift verbietet im Interesse der Wahrung des Ansehens der Rechtspflege, mittels der Presse öffentlich zur Aufbringung der wegen einer strafbaren Handlung erkannten Geldstrafen und Kosten

[1]) Vgl. S. 21.

[2]) Vgl. S. 32 ff.

[3]) Vgl. S. 49 ff.

aufzufordern oder in derselben Weise über den Eingang der zu solchen Zwecken gezahlten Beträge zu quittieren. Die Vorschrift des § 17 PreßG. soll die Unbefangenheit der an einem Strafverfahren beteiligten Personen schützen. Sie verbietet die Bekanntmachung amtlicher Schriftstücke eines Strafprozesses durch die Presse vor ihrer Kundgebung in öffentlicher Verhandlung bzw., wenn eine solche nicht stattfindet, vor der Beendigung des Verfahrens. Die Aufhebung bzw. Abänderung dieser als Sonderbeschränkungen der Preßfreiheit heute nicht mehr zeitgemäßen Vorschriften ist allerdings bereits im Gange[1]).

Eine Sonderbeschränkung der Gerichtsberichterstattung durch die Presse enthält Artikel III des Gesetzes über die unter Ausschluß der Öffentlichkeit stattfindenden Gerichtsverhandlungen vom 5. IV. 1888 (RGBl. S. 133), der bestimmt, daß über Gerichtsverhandlungen, bei denen wegen Gefährdung der Staatssicherheit die Öffentlichkeit ausgeschlossen wurde, insoweit auch keine Presseberichte veröffentlicht werden dürfen, und daß auch nach Beendigung des Verfahrens Anklageschrift und andere amtliche Schriftstücke solcher Prozesse durch die Presse nicht verbreitet werden dürfen. Eine gleiche Bestimmung enthält § 18 Abs. 2 des Einführungsgesetzes zur Militärstrafgerichtsordnung vom 1. XII. 1898 (RGBl. S. 1289) für das militärgerichtliche Verfahren[2]).

Weitere wichtige Beschränkungen der Preßfreiheit bestehen darin, daß die Verbreitung gewisser Druckschriften verboten oder besonders beschränkt ist oder werden kann. Eine Sonderbeschränkung der Preßfreiheit nach dieser Richtung hin

---

[1]) Neben diesen auf die Presse beschränkten Veröffentlichungsverboten bestehen eine große Anzahl weiterer, die nicht nur für Druckschriften, sondern für jede Art der Bekanntmachung gelten und die daher keinen preßrechtlichen Charakter tragen; vgl. im einzelnen die Übersichtstafel S. XVII ff.

[2]) Wegen der übrigen, nicht rein preßrechtlichen Beschränkungen der Gerichtsberichterstattung vgl. die Übersichtstafel S. XIII ff.

enthält § 5 PreßG., der die Ortspolizeibehörden ermächtigt, die nichtgewerbsmäßige öffentliche Verbreitung von Druckschriften solchen Personen zu verbieten, denen der zur gewerbsmäßigen Verbreitung erforderliche Legitimationsschein versagt werden darf[1]); ferner § 28 PreßG., welcher die Fortsetzung der Verbreitung beschlagnahmter Schriften und den Wiederabdruck der beanstandeten Stellen unter Strafe stellt, soweit es sich um Druckschriften handelt, dagegen freiläßt, wenn die beschlagnahmte Schrift keine Druckschrift darstellt. Durch die §§ 1, 6 des Gesetzes zur Bewahrung der Jugend vor Schund- und Schmutzschriften vom 18. XII. 1926 (RGBl. S. 505) wird besonders eingerichteten staatlichen Zensurbehörden die Möglichkeit gegeben, Schriften zu Schund- und Schmutzschriften zu erklären, womit kraft Gesetzes die Verbreitung und Zurschaustellung dieser Schriften an öffentlichen Orten sowie ihre Überlassung an Jugendliche unter 18 Jahren verboten und unter Strafe gestellt wird. Periodische Druckschriften, von denen innerhalb Jahresfrist zwei Nummern zu Schund- und Schmutzschriften erklärt worden sind, können auch als solche auf die Dauer von drei bis zwölf Monaten auf die Liste der Schund- und Schmutzschriften gesetzt werden, ausgenommen politische Tageszeitungen und politische Zeitschriften.

In zwei Fällen sind auch Zeitungsverbote dergestalt zulässig, daß die betr. Zeitung oder Zeitschrift während einer bestimmten Zeitdauer überhaupt nicht mehr erscheinen darf. Für im Auslande erscheinende Zeitungen und Zeitschriften, bei denen regelmäßig die persönliche Bestrafung der Täter wegen Preßvergehens nicht möglich ist, sieht als Ersatz dafür § 14 PreßG. die Möglichkeit eines Verbots bis zur Dauer von zwei Jahren vor, wenn ihr Inhalt binnen Jahresfrist zweimal zur gerichtlichen Einziehung verschiedener Nummern geführt hat. Das Verbot kann nur innerhalb von zwei Monaten nach Rechtskraft des zweiten Einziehungsurteils erlassen werden. Zuständig zum Erlaß ist der Reichsminister

---

[1]) Über die Beschränkungen der gewerbsmäßigen Verbreitung siehe S. 66 ff.

des Innern[1]). Auf Grund des allerdings nur befristet in Kraft befindlichen Gesetzes zum Schutze der Republik vom 21. VII. 1922 (RGBl. I S. 585)[2]) werden ausnahmsweise auch die Regierungen der deutschen Länder dazu ermächtigt, Tageszeitungen bis zu vier Wochen und andere Zeitungen und Zeitschriften bis zur Dauer von sechs Monaten zu verbieten, wenn ihr Inhalt den Tatbestand einer der in den §§ 1 bis 8 des Republikschutzgesetzes unter Strafe gestellten staatsfeindlichen Handlungen begründet.

Abgesehen von diesen Sonderbeschränkungen ist die Preßfreiheit in sehr viel weitergehendem Maße in den von den Truppen Frankreichs, Englands und Belgiens besetzten Gebieten des Deutschen Reichs durch die Ordonnanz Nr. 194 über die Ordnung der Presse in den besetzten Gebieten vom 10. II. 1925 beschränkt[3]).

E. Vorübergehende Beschränkungen der Preßfreiheit kraft Ausnahmerechts (Art. 48 RV.).

Vorübergehend können die Bestimmungen über die Freiheit der Presse und das Grundrecht der freien Meinungsäußerung (Art. 118 RV.) auf Grund des Artikels 48 der Reichsverfassung durch den Reichspräsidenten, bei Gefahr im Verzuge auch durch einstweilige Maßnahmen der Landesregierungen außer Kraft gesetzt werden. Voraussetzung für die Anwendung des Artikels 48 RV. ist, daß die öffentliche Sicherheit und Ordnung im Deutschen Reich erheblich gestört oder gefährdet ist und daß die angeordneten Einzelmaßnahmen (Zeitungsverbote usw.) zu ihrer Wiederherstellung nötig sind. Die Anwendung des Artikels 48 zu anderen Zwecken als zur Sicherung der äußeren staatlichen Ordnung, insbesondere also zu rein politischen Zwecken, ist unzulässig. Die praktisch häufigsten Arten des Eingriffs in die Preßfreiheit auf Grund des Artikels 48 sind Unterdrückung und

[1]) Dieser ist auf Grund des Übergangsgesetzes vom 4. III. 1919 (RGBl. S. 285) an die Stelle des im PreßG. genannten Reichskanzlers getreten.

[2]) Wortlaut Anhang S. 92 f.

[3]) Wortlaut Anhang II S. 100. Erläutert von Vogels „Die Verträge über Besetzung und Räumung des Rheinlandes", Berlin 1925.

Beschlagnahme bestehender und Verbot der Herausgabe neuer Zeitungen. Doch sind auch andere Anordnungen und Maßnahmen, z. B. Veröffentlichungsverbote, Entfernung von Redakteuren, durch das Preßgesetz nicht zugelassene Beschlagnahmen und selbst Verhängung der Vorzensur, verfassungsmäßig zulässig.

F. Die Privilegien der Presse.

Schon bei Erlaß des Reichspreßgesetzes erkannte man, daß die Gewährung des Maßes von Freiheit, das man hergebrachterweise unter „Freiheit der Presse" verstand, nicht ausreichend sein würde, um die Betätigung der Geistesfreiheit durch den Druck in dem erforderlichen Maße zu schützen. Die in § 1 PreßG. zunächst nur im bisher üblichen Umfang gewährleistete Preßfreiheit wurde deshalb durch eine Reihe von Sondervorschriften in einzelnen Beziehungen noch erweitert. In späteren Jahren hat sich dann die Notwendigkeit noch weiterer Ausdehnung der Preßfreiheit herausgestellt, doch ist dem nicht durch Änderung des Preßgesetzes, sondern durch preßrechtliche Einzelvorschriften in verschiedenen anderen Reichsgesetzen Rechnung getragen worden. Alle diese über das bis zum Jahre 1874 herkömmliche, im PreßG. gewährte Maß von Preßfreiheit hinausgehenden Erweiterungen bezeichnet man gemeinhin als „Privilegien der Presse". In Wahrheit handelt es sich nicht um Privilegien, sondern einfach darum, daß man den Begriff der Preßfreiheit den veränderten und komplizierteren neuen Lebensformen und insbesondere der fortschreitenden Entwicklung der periodischen Presse angepaßt hat.

Auf dem Gebiet des Straf- und Strafprozeßrechts erweitert das Preßgesetz die Preßfreiheit durch die Vorschrift des § 22 PreßG. über die kurze Verjährung von Preßdelikten[1]), durch die Vorschriften der §§ 23 bis 27 PreßG. über die Beschlagnahme von Druckschriften[2]) und durch die Vorschrift des § 29 über die Unzulässigkeit strafrechtlicher Ahndung von Preßübertretungen durch die Verwaltungsbehörden[3]). Neueren Datums ist die im Dezember

[1]) Näheres S. 55.

[2]) Näheres S. 58 ff.

[3]) Näheres S. 63.

1926 in die Strafprozeßordnung neu eingeführte Vorschrift des § 53 Nr. 4, die zum Zweck der Sicherung der öffentlichen Aufgaben der periodischen Presse die Anonymität derselben auch gegenüber dem gerichtlichen Zeugniszwang gewährleisten soll[1]).

Auf dem Gebiet des bürgerlichen Rechts sind der Presse in neuerer Zeit ebenfalls Sondervorrechte eingeräumt worden. So beschränkt § 13 des Gesetzes gegen den unlauteren Wettbewerb vom 7. VII. 1909 die zivilrechtliche Haftung der Presse für durch die Presse und insbesondere durch Inserate begangenen unlauteren Wettbewerb[2]), um sowohl die geistige Bewegungsfreiheit der periodischen Presse als auch die Möglichkeit ihrer finanziellen Erhaltung durch Inserate nicht über Gebühr einzuschränken.

Eine besondere, in den letzten Jahren oft erhobene Forderung der Presse geht dahin, auch das Recht der Zivilgerichte zum Erlaß einstweiliger Verfügungen, welche in die Textgestaltung des redaktionellen Teils eingreifen, zu beschränken[3]). Sie ist bisher nicht verwirklicht worden. Einzelne Untergerichte haben zwar versucht, die Unzulässigkeit solcher einstweiligen Verfügungen aus der durch § 1 PreßG. gewährten Preßfreiheit abzuleiten. Aber abgesehen davon, daß man dann folgerichtig auch das der einstweiligen Verfügung nachfolgende Unterlassungsurteil, durch welches das Gericht der Zeitung die Unterlassung weiterer unerlaubter, z. B. kreditschädigender Artikel auferlegt, aus demselben Grunde für unzulässig erklären müßte, scheitert dieser Versuch schon daran, daß die Vorschriften des Gesetzes über die Preßfreiheit nur öffentlich-rechtlicher Natur sind und folglich nur die Freiheit des Staatsbürgers gegenüber der staatlichen Hoheitsverwaltung sichern, nicht auch die Geltendmachung von Privatrechten berühren. Die auf diesem Gebiet eingetretenen Mißstände, die insbesondere darin bestehen, daß Privatpersonen mit Hilfe von oft der Wahrheit nicht ganz entsprechenden eidesstattlichen Versicherungen zu ihrem persönlichen Nutzen, aber zum Schaden der Allgemeinheit gerichtliche

---

[1]) Näheres S. 26.

[2]) Wortlaut S. 94/95.

[3]) Vgl. oben S. 15.

Schweigegebote gegen die Presse erwirken, sind also nur im Wege der Gesetzgebung zu beseitigen.

Auch auf dem Gebiet des Gewerberechts sind einige Vorschriften vorhanden, die die Freiheit des Preßgewerbes mit Rücksicht auf die geistigen Aufgaben der Presse über das übliche Maß hinaus erweitern[1]). Der Post gegenüber ist Beförderung und Vertrieb politischer Zeitungen durch § 3 des Reichspostgesetzes vom 29. 10. 1871 besonders gesichert[2]).

Vor Einführung der Preßfreiheit in Deutschland war es ein beliebtes Mittel, die Presse und damit ihre nicht immer angenehme Kritik durch Sondersteuern, wie Zeitungs- und Kalenderstempel, Abgabe von Inseraten usw. zu unterdrücken, die das Verlegen von Zeitungen unrentabel machten. Das Reichspreßgesetz privilegiert die Presse daher auch in steuerlicher Hinsicht, indem es in § 30 Abs. 4 PreßG. bestimmt, daß vorbehaltlich der auf den Landesgesetzen beruhenden allgemeinen Gewerbesteuern eine Sonderbesteuerung der Presse und ihrer Erzeugnisse unzulässig ist. Das Verbot der Sonderbesteuerung der Presse bindet allerdings nur die Landesgesetzgebung, während jedes spätere Reichsgesetz die durch das Reichspreßgesetz abgeschafften Sondersteuern wieder einführen kann[3]). Dies ist in der Tat durch das Umsatzsteuergesetz vom 24. 12. 1919 geschehen, welches für gedruckte Anzeigen eine erhöhte Umsatzsteuerpflicht eingeführt hat. Doch war diese Vorschrift nur wenige Jahre in Geltung. Die Länder jedoch dürfen die Presse grundsätzlich nicht mit Sondersteuern belegen. Eine Ausnahme gilt nur noch auf dem durch § 30 Abs. 2 PreßG. der Landesgesetzgebung überlassenen Gebiet des Plakat- und Flugschriftenwesens. Auf Grund dieses landesrechtlichen Vorbehalts haben einzelne Länder und Gemeinden besondere Plakatsteuern eingeführt. Das Privileg bezieht sich im übrigen nur auf Sondersteuern. Den allgemeinen Steuergesetzen unterliegt auch die Presse in gleichem Umfange wie jedes andere Gewerbe.

---

[1]) Näheres S. 66 ff.

[2]) Näheres S. 69.

[3]) Vgl. o. S. 15.

G. Die Freiheit und Unabhängigkeit der periodischen Presse als Hüterin öffentlicher Interessen.

a) Die Anerkennung und Förderung der öffentlichen Aufgaben der Presse durch die staatliche Gesetzgebung.

Die Presse im engeren Sinne des Wortes, d. h. die Zeitungs- und Zeitschriftenpresse[1]), dient nicht nur den wirtschaftlichen Interessen ihrer Verleger, sondern in erheblichem Umfange auch ideellen und insbesondere öffentlichen Interessen. Sie ist der Schrittmacher der geistigen und politischen Entwicklung der Nation, der Vorkämpfer für ihren kulturellen, sozialen und wirtschaftlichen Fortschritt. Sie hat die Aufgabe, der Allgemeinheit neben der Übermittlung von Nachrichten und Wissen auch dadurch zu dienen, daß sie Mängel und Mißstände des öffentlichen Lebens aufdeckt, Anregungen zu ihrer Verbesserung gibt und damit zur Reinigung und Gesundung der Lebensbeziehungen der Gesamtheit beiträgt. Während früher der Grund für die durch die Preßfreiheit gewährte Privilegierung des Druckschriftenwesens vornehmlich darin zu suchen war, daß man die individuelle Geistesfreiheit des einzelnen Staatsbürgers nach Möglichkeit schützen wollte, liegt die Gewährleistung der äußeren Freiheit und inneren Integrität der periodischen Presse heute nicht mehr allein im Interesse des Einzelnen, sondern zugleich und vor allem auch im öffentlichen Interesse der Volksgesamtheit. Die Preßfreiheit ist damit aus einem reinen Individualrecht, soweit die periodische Presse in Frage kommt, gleichzeitig zu einem Sozialrecht geworden.

Diese öffentliche Mission der Presse und die dadurch bedingte Erweiterung des Begriffs der Preßfreiheit ist erst ein Ergebnis der neueren Zeit. Ihre allgemeine Anerkennung vollzieht sich nur allmählich und nicht ohne Widerstände. Insbesondere die Rechtsprechung, die — eine natürliche Folge ihres Berufs — mehr die deliktische als die segensreiche Tätigkeit der Presse zu sehen gewohnt ist, hat sich, wenn man von einer allerdings nicht geringen Zahl von Entscheidungen der

[1]) Vgl. S. 1 Anm. 1.

unteren Gerichte absieht, bisher grundsätzlich auf den Standpunkt zu stellen versucht, daß eine solche öffentliche Mission der Presse erst dann anerkannt werden könne, wenn eine ausdrückliche gesetzliche Billigung dieser Aufgabe der Presse erfolgt sei.

Am deutlichsten und schärfsten ist der Kampf um die Anerkennung der öffentlichen Aufgaben der periodischen Presse bei der Auslegung des § 193 des Reichsstrafgesetzbuchs zutage getreten. Diese Vorschrift erklärt beleidigende Äußerungen, die zur Wahrnehmung berechtigter Interessen gemacht werden, nur insofern für strafbar, als das Vorhandensein einer Beleidigung aus der Form der Äußerung oder aus den Umständen, unter welchen sie geschah, hervorgeht. Die Presse nimmt naturgemäß für sich in Anspruch, in Wahrnehmung berechtigter öffentlicher Interessen gehandelt zu haben, wenn sie bei der Erfüllung ihrer öffentlichen Aufgaben über irgendwelche Personen ehrenkränkende Behauptungen aufgestellt hat, die sich nachher als irrig oder jedenfalls nicht erweislich wahr herausstellen. Die Rechtsprechung des Reichsgerichts aber verneint ein besonderes Recht der Presse zur Wahrnehmung öffentlicher Interessen. Nach Ansicht des Reichsgerichts können nur persönliche oder doch den Täter persönlich nahe angehende Interessen berechtigte im Sinne des § 193 sein[1]). Ob diese Voraussetzung gegeben sei, müsse bei der Presse genau nach den gleichen Grundsätzen beurteilt werden, wie bei jedem anderen Staatsbürger[2]). Verletze also eine Veröffentlichung in einer Zeitung oder Zeitschrift die Ehre Dritter, so könne nur dann ein Handeln in Wahrnehmung berechtigter Interessen vorliegen, wenn entweder der Verfasser oder der Redakteur der betreffenden Veröffentlichung in Wahrnehmung von Interessen gehandelt habe, die seine eigenen sind oder ihn doch persönlich nahe angehen. Die Anteilnahme, die mehr oder weniger jedermann den öffentlichen Interessen entgegenbringe, reiche zur Annahme eines solchen persönlichen Interesses nicht aus, vielmehr fordere das Gesetz auch von den an der Herausgabe einer Zeitung beteiligten Personen

[1]) RGSt. Bd. 26, S. 76.

[2]) RGSt. Bd. 23, S. 285, Bd. 56, S. 383, Bd. 59, S. 414.

ein besonderes persönliches Verhältnis zu der den Gegenstand der betreffenden Veröffentlichung bildenden Angelegenheit. Erst in neuerer Zeit und insbesondere nachdem auch der Entwurf des gegenwärtig dem Reichstag vorliegenden neuen Strafgesetzbuchs das Recht der Presse zur Wahrnehmung öffentlicher Interessen ausdrücklich anerkannt hat[1]), beginnt auch die Rechtsprechung, wenn auch nur zögernd, diesen Standpunkt zu revidieren. Während das Reichsgericht noch in einer Entscheidung vom 9. 4. 1897[2]) ausführte, daß der Schriftleiter auch durch einen Auftrag des an der betreffenden Angelegenheit persönlich Interessierten noch nicht zur Wahrnehmung der ihn selbst nichts angehenden Interessen des anderen legitimiert werde, erklärt eine Entscheidung vom 21. 1. 1907[3]) es bereits für berechtigt, wenn der Schriftleiter auf Grund eines ihm von wahlberechtigten Parteigenossen erteilten wirklichen Vertretungsauftrages deren politische Interessen durch die Zeitung wahrt. Und in einer Entscheidung vom 20. I. 1928[4]) hat der I. Strafsenat des Reichsgerichts in offenbarem Gegensatz zu den früheren Entscheidungen nunmehr ganz allgemein der Ansicht Ausdruck verliehen, daß der an einer Angelegenheit persönlich nicht interessierte Schriftleiter einer Zeitung in Wahrnehmung berechtigter Interessen handele, wenn er im Auftrage des an der Angelegenheit persönlich Interessierten dessen Interessen durch die Zeitung wahrnehme. Damit ist der Schriftleiter gewissermaßen dem Rechtsanwalt gleichgestellt worden, indem er für berechtigt erklärt wird, als Anwalt der Allgemeinheit sich der Interessen der einzelnen Staatsbürger anzunehmen. Immerhin verbleibt es auch bei dieser, der Presse schon etwas mehr entgegenkommenden Rechtsprechung noch dabei, daß der Schriftleiter ohne besonderen Auftrag eines Interessenten kein Vorzugsrecht bei der Wahrnehmung öffentlicher Angelegenheiten hat.

---

[1]) Begründung zum Entwurf eines Allgemeinen Deutschen Strafgesetzbuchs, Reichstagsdrucksache Nr. 3390 S. 158.

[2]) RGSt. Bd. 30 S. 41.

[3]) RGSt. Bd. 39 S. 399.

[4]) I D 1197/1927.

Während die Frage der Rechtstellung der Presse auf dem Gebiete der Wahrnehmung berechtigter Interessen noch der gesetzlichen Lösung durch das zur Zeit vorliegende neue Strafgesetzbuch harrt, ist auf einem anderen Rechtsgebiet die öffentliche Mission der periodischen Presse als Hüterin öffentlicher Interessen bereits gesetzlich anerkannt worden. Es handelt sich um das Gesetz zur Abänderung der Strafprozeßordnung vom 27. 12. 1926 (RGBl. I S. 529)[1]. Hier wird bestimmt, daß Redakteure, Verleger, Drucker und technisches Personal einer periodischen Druckschrift das Zeugnis über die Person des Verfassers oder Einsenders einer Veröffentlichung strafbaren Inhalts verweigern dürfen, sofern ein Redakteur der Druckschrift als Täter bestraft ist oder seiner Bestrafung kein rechtliches Hindernis entgegensteht.

Diese Vorschrift dient dem Schutze des Redaktionsgeheimnisses der Zeitungs- und Zeitschriftenpresse. Die Anonymität der Presse war bisher in Deutschland durch keine besondere Gesetzesvorschrift gewährleistet. Nur indirekt wird sie durch die Preßfreiheit des § 1 PreßG.[2]) insofern verbürgt, als diese Vorschrift sowohl der Landesgesetzgebung, wie den Regierungs- und Verwaltungsbehörden des Reichs und der Länder Eingriffe in die Anonymität der Presse verbietet. Die Preßfreiheit schließt insbesondere behördliche Verfügungen aus, die für Presseveröffentlichungen Angabe des Verfassers vorschreiben, oder welche die Zeitungen zur nachträglichen Preisgabe des Verfassers einer bereits erschienenen Veröffentlichung auffordern. Aber diese sowohl für die periodische wie für die nichtperiodische Presse geltende Vorschrift beseitigt die Möglichkeit nicht, daß die Gerichte die Anonymität der Presse dann zwangsweise brechen, wenn es zu einem gerichtlichen Verfahren kommt[3]. Das gleiche gilt für Disziplinarverfahren gegen Beamte. Dieser Rechts-

[1]) Wortlaut S. 96.

[2]) Eine indirekte gesetzliche Anerkennung des Rechts, anonym oder pseudonym zu schreiben, enthält auch § 7 Abs. 2 des Urhebergesetzes vom 19. Juni 1901 (RGBl. S. 227) in der Fassung vom 22. Mai 1910.

[3]) Weil die Preßfreiheit des § 1 PreßG. der Presse keine Vorzugsstellung gegenüber der Rechtspflege gewährt (vgl. S. 15).

zustand hat jahrzehntelang zu scharfen Kämpfen zwischen Presse und Justiz geführt. Die deutschen Journalisten weigerten sich, die Namen ihrer Gewährsmänner preiszugeben und ließen lieber ein Zeugniszwangsverfahren mit Geldstrafen und Haft über sich ergehen, als daß sie das Redaktionsgeheimnis preisgaben. Denn der Bruch der Verfasseranonymität gilt in der deutschen Presse als eine ehrenrührige Handlung, die den ehrengerichtlichen Ausschluß des betreffenden Redakteurs aus seiner Standesorganisation zur Folge hat.

Das Gesetz vom 27. 12. 1926 hat diesen Kampf zugunsten der Presse entschieden. Ausgehend von dem Grundgedanken, daß die periodische Presse als wichtiger Faktor des gesamten öffentlichen Lebens der Nation eine öffentliche Mission zu erfüllen hat und daß sie dabei auf vertrauliche Mitteilungen, deren Urheber aus Besorgnis vor politischer, wirtschaftlicher oder sozialer Schädigung ungenannt zu bleiben wünschen, in erheblichem Umfange angewiesen ist, hat man durch die obige Gesetzesvorschrift das Recht der Anonymität der Presse auch den Strafgerichten gegenüber anerkannt. Der hierdurch gewährte Schutz des Redaktionsgeheimnisses ist noch kein vollständiger, da die Vorschrift noch eine ganze Reihe von Einschränkungen enthält. Auch die Anwendbarkeit der Vorschrift auf Dienststrafverfahren gegen Beamte (Disziplinarverfahren) ist noch nicht in vollem Umfange geklärt. Eine Anerkennung aber bedeutet diese Gesetzesbestimmung für das Recht der Presse, öffentliche Interessen wahrzunehmen. Denn die Erleichterung gerade dieser Interessenwahrung ist der Zweck des Gesetzes. Die gesetzgeberische Weiterverfolgung dieses Rechtsgedankens, insbesondere durch Sicherung der Anonymität der Presse auch gegenüber den Zivilgerichten ist noch in Vorbereitung[1]).

[1]) Über den Umfang des Zeugnisverweigerungsrechts der Presse gegenüber den Zivilgerichten besteht noch keine ganz einheitliche Rechtsprechung. Während das Oberlandesgericht Hamburg durch eine Entscheidung vom 20. IX. 1908 (OLGRspr. 1908 S. 329) ein solches Zeugnisverweigerungsrecht auf Grund des § 383 Nr. 5 ZPO. grundsätzlich anerkannt hat, stellt sich neuerdings das Oberlandesgericht Darmstadt in einer Entscheidung vom 15. III. 1928 (J. W. 1928 S. 822 f.) auf den Standpunkt, daß dieses Zeugnisverweigerungsrecht jedenfalls dann aufhöre, wenn der Beklagte der Aussage zustimme. Hierdurch wird die Möglichkeit geschaffen, das Redak-

b) Die Sicherung der inneren Freiheit und Unabhängigkeit des redaktionellen Teils gegenüber privatwirtschaftlichen Einflüssen.

Hand in Hand mit der Anerkennung der öffentlichen Aufgaben der periodischen Presse ist die Erkenntnis gewachsen, daß es im öffentlichen Interesse liegt, auch die innere Unabhängigkeit und Reinheit ihres redaktionellen Teils gegenüber privatwirtschaftlichen Einflüssen zu sichern. Der erste Schritt nach dieser Richtung war die Schaffung des § 89 des Börsengesetzes vom 8. Mai 1908 (RGBl. S. 215)[1]), der den Handelsteil der Presse vor Mißbrauch zu unlauteren Börsenmanövern schützt. Diese Vorschrift stellt den unter Strafe, der für Mitteilungen an die Presse, durch welche auf den Börsenpreis eingewirkt werden soll, oder für die Unterlassung von Mitteilungen, die auf die Börse einwirken könnten, Vorteile gewährt oder verspricht oder sich gewähren oder versprechen läßt, die in auffälligem Mißverhältnis zur Leistung stehen. Allgemeine Vorschriften gegen Preßbestechung aber bestehen noch nicht. Ebensowenig Vorschriften, welche die äußere Trennung zwischen redaktionellem und Anzeigenteil vorschreiben[2]). Doch gilt die Aufnahme von geschäftlichen Interessen dienenden Veröffentlichungen in den redaktionellen Teil nach der in Deutschland herrschenden Verkehrsauffassung jedenfalls dann als sittenwidrig, wenn die Eigenschaft als geschäftliche Anzeige nicht ohne weiteres aus der Veröffentlichung erkennbar ist. Verträge, welche die Aufnahme versteckter Inserate in Gestalt von scheinbar redaktionellen Artikeln und Notizen

---

tionsgeheimnis dann, wenn nur wenige Personen als Urheber einer Mitteilung in Frage kommen, in der Weise zu lüften, daß man die vermeintlichen Urheber auf Schadensersatz verklagt, den Redakteur als Zeugen benennt und dann die Beklagten in die Zwangslage versetzt, entweder dem Redakteur die Aussagegenehmigung zu erteilen oder durch Verweigerung derselben indirekt sich selbst als Urheber zu bezeichnen.

[1]) Wortlaut s. Anhang S. 95.

[2]) Der die Inseratensteuer vorübergehend wieder einführende § 26 Nr. 1 des Umsatzsteuergesetzes v. 24. Dez. 1919 enthielt sogar ausdrücklich die Bestimmung: „Steuerpflichtig sind auch geschäftliche Empfehlungen, die in den redaktionellen Teil aufgenommen werden“.

zum Gegenstand haben, sind demgemäß als nichtig zu betrachten (§ 138 BGB.). Auch Bestimmungen, welche die Unabhängigkeit des Textteils der Zeitungen gegenüber den Inserenten schützen, sind bisher nicht vorhanden. Es handelt sich hier um die besonders in neuerer Zeit vielfach beobachteten Versuche der Inserenten, die Zeitungen beim Abschluß von Anzeigenverträgen dazu zu verpflichten, während einer bestimmten Dauer keine ungünstigen Kritiken an den gewerblichen Leistungen oder an der Unternehmung des Inserenten zu üben. Vielfach gehen die Forderungen sogar soweit, daß auch die Unterlassung jeder sachlichen Berichterstattung über die Kreditwürdigkeit des Inserenten ungünstig berührende Angelegenheiten oder über seinen wirtschaftlichen Interessen zuwiderlaufende Ereignisse (z. B. die Antialkoholbewegung) verlangt wird. Daß die innere Unabhängigkeit des redaktionellen Teils hiergegen bisher gesetzlich nicht geschützt ist, erklärt sich daraus, daß bei Erlaß des Reichspreßgesetzes die Gefahr einer solchen gemeinschädlichen Beeinflussung der Presse noch äußerst gering war. Diese Erscheinungen sind erst neueren Datums und hängen eng mit der durch Kartellierung und Vertrustung bewirkten Zusammenballung früher zersplitterter Wirtschaftskräfte zu machtvollen Gebilden zusammen. Die Rechtsprechung, die sich in jüngster Zeit wiederholt mit der Frage der Unabhängigkeit des öffentlichen Interessen dienenden Textteils vom Inseratenteil der Zeitung zu beschäftigen hatte, vertritt überwiegend den Standpunkt, daß Inseratenverträge das sachliche Kritikrecht der Presse nicht beschränken und daß eine Verletzung des Anzeigenvertrages nur dann vorliegt, wenn die redaktionelle Kritik so weit über das zulässige Maß hinausgeht, daß sie als sittenwidrige Vereitelung des mit dem Anzeigenvertrag verfolgten Zwecks anzusehen ist[1]). Mit dieser unbestimmten Formel ist aber natürlich das Gesamtproblem noch keineswegs gelöst.

H. Die Preßfreiheit der Ausländer und der ausländischen Druckschriften im Deutschen Reich.

Das deutsche Reichspreßgesetz gilt mangels einer einschränkenden Bestimmung grundsätzlich auch für ausländische

[1]) Vgl. OLG. Düsseldorf: „Zeitungsverlag" v. 23. April 1926, RG. v. 15. Juni 1926 i. „Zeitungsverlag" v. 1. Oktober 1926 und LG. I. Berlin i. „Deutsche Presse" v. 24. Dezember 1927 S. 621.

Druckschriften[1]). Ob eine Druckschrift als ausländische oder inländische anzusehen ist, richtet sich nach ihrem Erscheinungsort[2]), während es gleichgültig ist, wo sie verlegt oder gedruckt wird. Einzelne Vorschriften des Reichspreßgesetzes gelten indessen für ausländische Druckschriften nicht. Teils ergibt sich dies unmittelbar aus dem Gesetz, indem die betreffende Vorschrift nur die „im Geltungsbereich dieses Gesetzes erscheinenden" Druckschriften umfaßt (z. B. § 6 PreßG.), teils aus der Natur der Sache[1]). So sind die im Ausland erscheinenden Druckschriften von der Pflicht zur Angabe des Ursprungs (§ 6 PreßG.), zur Bestellung und Nennung eines verantwortlichen Redakteurs (§ 7 PreßG.), zur Abgabe des polizeilichen Pflichtstücks (§ 9 PreßG.), zur Aufnahme von amtlichen Bekanntmachungen und Berichtigungen (§§ 10, 11 PreßG.), sowie von der Abgabe von Bibliotheksexemplaren (§ 30 Abs. 3 PreßG.) befreit. Dagegen kommen der Schutz der Preßfreiheit[3]) und sogar die gesetzlichen Privilegien[4]) der Presse auch Ausländern und ausländischen Druckschriften in vollem Umfange zugute[5]). Das deutsche Preßrecht enthält sogar ein nur auf ausländische Druckschriften bezügliches Sonderprivileg, indem es den gutgläubigen Verbreiter einer ausländischen Druckschrift strafbaren Inhalts von der Fahrlässigkeitshaftung des § 21 PreßG. befreit, sofern ihm die Druckschrift im Wege des ordentlichen Buchhandels zugekommen ist.

Die einzige Sondervorschrift zuungunsten im Auslande erscheinender Druckschriften enthält § 14 PreßG., der bestimmt,

---

[1]) Vgl. hierüber RGSt. 61 S. 19 ff.

[2]) Erscheinungsort ist der Ort der tatsächlichen ersten Ausgabe der Druckschrift, K.G.J. 47 C 393 und herrschende Ansicht.

[3]) Über Inhalt und Umfang der Preßfreiheit vgl. S. 12 ff.

[4]) Vgl. S. 20 ff.

[5]) Das gilt insbesondere vom Privileg der kurzen Verjährung des § 22 PreßG. (vgl. RRspr. Bd. 1, S. 375, RGS. Bd. 61, S. 19), von den die Beschlagnahme von Druckschriften beschränkenden Vorschriften der § 23 ff. PreßG., von dem den Zeugniszwang gegen die Presse einschränkenden § 53 Nr. 4 StPO., von dem die Schadenshaftung der Presse für unlauteren Wettbewerb beschränkenden § 13 Abs. 2 des Gesetzes gegen den unlauteren Wettbewerb und schließlich auch von der Vorschrift des § 29 PreßG., die auch für durch ausländische Druckschriften begangene strafbare Handlungen jede Administrativjustiz (z. B. durch polizeiliche Strafverfügung) ausschließt.

daß ausländische periodische Druckschriften bis zur Dauer von zwei Jahren verboten werden können, wenn gegen sie binnen Jahresfrist zweimal eine Verurteilung auf Grund der §§ 41, 42 des Strafgesetzbuches erfolgt ist.[1]) Diese Vorschrift ist lediglich als Beschränkung, nicht als Erweiterung der Preßfreiheit anzusehen. Sie steht deshalb Anordnungen und Maßnahmen gegen ausländische Druckschriften nicht entgegen, welche die Einfuhr ausländischer Druckschriften nicht wegen der Schädlichkeit ihres geistigen Inhalts, sondern ausschließlich aus anderen Gründen beschränken und die deshalb eine Verletzung der Preßfreiheit des § 1 PreßG. überhaupt nicht darstellen. Insbesondere können Einfuhr und Verbreitung ausländischer Druckschriften aus seuchenpolizeilichen Gründen oder zum Zweck der völkerrechtlichen Retorsion bzw. Repressalie gegen einen ausländischen Staat verboten oder beschränkt werden (z. B. im Zollkrieg oder als Vergeltungsmaßnahme gegen Unterdrückung deutscher Zeitungen im Ausland).

Ein Ausländer kann — und zwar selbst dann, wenn er sich im Ausland aufhält — ebenso wie ein Inländer von deutschen Zeitungen und Zeitschriften die Aufnahme einer Berichtigung verlangen und Strafantrag stellen, wenn die Aufnahme derselben unberechtigterweise verweigert wird. Da der Berichtigungszwang jedoch keinen Teil der Preßfreiheit, sondern im Gegenteil eine Belastung der Presse darstellt, so ist die Reichsregierung durch das Preßgesetz nicht daran gehindert, im Wege des völkerrechtlichen Vergeltungsrechts das Recht auf Berichtigung den Angehörigen solcher Staaten zu entziehen, die ihrerseits deutsche Reichsangehörige von der Geltendmachung eines Berichtigungsanspruchs ausschließen[2]). Selbst die Stellung des verantwortlichen Redakteurs an einer in Deutschland erscheinenden Zeitung oder Zeitschrift kann von einem Ausländer bekleidet werden, doch ist nach § 8 PreßG. Voraussetzung, daß der Redakteur im Deutschen Reich wenigstens seinen Wohnsitz oder gewöhnlichen Aufenthalt hat, damit er im Falle eines Preßdelikts der deutschen Justiz erreichbar ist.

---

[1]) Näheres siehe S. 18. Über die Möglichkeit sofortiger nichtrichterlicher Beschlagnahme im Falle der Zuwiderhandlung gegen ein solches Verbot siehe § 23 Nr. 1 PreßG.

[2]) Von dieser Befugnis ist noch nie Gebrauch gemacht worden.

III. Kapitel.

Die Ordnung der Presse (§§ 6—19 PreßG.).

A. Begriff und rechtliche Regelung des Preßpolizeirechts.

Als Vorschriften über die „Ordnung der Presse" bezeichnet das deutsche Recht die preßpolizeilichen Sondervorschriften, die einem verderblichen geistigen Wirken der Presse entgegenwirken sollen. Teils handelt es sich hier um Vorschriften, die die Strafverfolgung von Preßdelikten erleichtern (z. B. durch Pflicht zur Angabe des Ursprungs der Druckschrift, zur Bestellung und Nennung eines verantwortlichen Redakteurs, zur Ablieferung eines polizeilichen Pflichtstücks), teils auch um solche, die durch Zeitungsverbote und Berichtigungszwang Schädigungen der Allgemeinheit durch die Presse verhüten oder bereits begangene wieder gut machen sollen. Unter den Vorschriften über die „Ordnung der Presse" befindet sich auch die über die Pflicht zur Aufnahme amtlicher Bekanntmachungen (§ 10), doch handelt es sich hier in Wirklichkeit nicht um eine preßpolizeiliche Vorschrift, sondern um die Auferlegung einer öffentlichen Last[1]), durch welche die Wirkungsmacht der periodischen Presse staatlichen Zwecken dienstbar gemacht werden soll. Auch die Veröffentlichungsverbote der §§ 16, 17 PreßG. sind trotz ihrer Stellung in diesem Abschnitt des Gesetzes nicht preßpolizeilicher Natur, sondern preßrechtliche Vorschriften des allgemeinen Strafrechts[2]). Dagegen ist das Delikt des § 28 PreßG. trotz seiner Aufnahme in einen anderen Abschnitt des Gesetzes ein Preßpolizeidelikt. Mit Rücksicht auf die erschöpfende reichsrechtliche Regelung des Preßrechts[3]) ist das Recht der deutschen Länder zum Erlaß preßpolizeilicher Vorschriften grundsätzlich beseitigt (Ausnahme: Vorschriften zur Regelung des öffentlichen Plakat- und Flugschriftenwesens[4]). Die lediglich zum Schutze der Feiertagsheiligung und der Sicherung des Straßenverkehrs erlassenen landesrechtlichen Vorschriften über den Verkauf von

---

[1]) Näheres S. 48/49.

[2]) Siehe S. 44.

[3]) Vgl. S. 9.

[4]) Vgl. S. 9.

Zeitungen an Sonn- und Feiertagen und die Verbreitung von Druckschriften auf öffentlichen Straßen und Plätzen sind überhaupt nicht preßpolizeilicher, sondern allgemeinpolizeilicher Natur und als solche unbeschränkt zulässig[1]).

Die preßpolizeilichen Veröffentlichungsverbote sind bereits oben[2]) wiedergegeben worden. Ebenso die durch § 14 PreßG. und § 20 ff. RepSchutzG. zugelassenen Zeitungsverbote. Im Nachfolgenden ist daher nur noch die Pflicht zur Angabe des Ursprungs jeder Druckschrift (§ 6), zur Bestellung und Angabe des verantwortlichen Redakteurs (§§ 7, 8), zur Abgabe des polizeilichen Pflichtstücks (§ 9) und zur Aufnahme von Berichtigungen (§ 11) zu erörtern.

B. Das Ursprungszeugnis.

Die Verfolgung von Preßdelikten und die Beschlagnahme der Auflage einer Druckschrift strafbaren Inhalts wird wesentlich erleichtert, wenn es gelingt, den Ursprung der Druckschrift, d. h. den Druckerei- und Verlagsbetrieb festzustellen, wo die Druckschrift hergestellt und von wo aus sie verbreitet wird. Besonders gilt dies dann, wenn der Verfasser nicht genannt ist oder sich hinter einem Pseudonym verbirgt. Zur Erleichterung der Aufgaben der Strafrechtspflege schreibt deshalb § 6 PreßG. vor, daß auf jeder im Inlande erscheinenden[3]) Druckschrift Name (bürgerlicher Name) und Wohnort (Ort des Geschäftsbetriebes oder der häuslichen Niederlassung) des Druckers und des Verlegers anzugeben sind (sogen. Ursprungszeugnis). Mit Rücksicht auf den Zweck der Vorschrift genügt es nicht, etwa den Namen des meist unbekannten Angestellten anzugeben, der im Einzelfall die Druck- oder Verlagstätigkeit tatsächlich ausgeübt hat, vielmehr muß der Name bzw. die handelsgerichtlich eingetragene Firma des Druck- und des Verlagsunternehmers bzw. -unternehmens aufgeführt werden. Werden verschiedene Teile einer Druckschrift von mehreren Druckern selbständig, d. h. nicht auf Grund einer Untervergebung seitens des vom Verleger beauftragten Druckers, sondern zufolge Beauftragung mehrerer

---

[1]) Vgl. S. 4, 12.

[2]) S. 16 ff.

[3]) Über den Erscheinungsort einer Druckschrift vgl. S. 30 Anm. 2.

Drucker durch den Verleger hergestellt, wie dies bei Kopfblättern und kopflosen Beilagen häufig ist, so müssen die verschiedenen Drucker auf den einzelnen von ihnen hergestellten Teilen oder Seiten der Druckschrift angegeben werden[1]. Hat jedoch der Verleger nur einen Drucker beauftragt, und hat dieser lediglich andere Druckereien zur Ausführung des Druckauftrages mit herangezogen, so braucht nur der vom Verleger beauftragte Drucker angegeben zu werden. Beim Selbstvertrieb (Selbstverlag) muß der Verfasser oder der Herausgeber genannt werden, und zwar hat der Verfasser die Wahl, sich selbst entweder als Verleger oder als Verfasser oder — sofern er selbst auch diese Funktion ausübt — als Herausgeber anzugeben. Die Ursprungsangabe muß sich auf jeder selbständigen Druckschrift befinden. Entscheidend für die Selbständigkeit ist nicht die inhaltliche Zusammengehörigkeit, sondern die Art der Verbreitung, d. h. jeder Band, bei Zeitungen die ganze Nummer einschließlich der gemeinsam mit dem Hauptblatt herausgegebenen und verbreiteten Beilagen[2] ist eine Druckschrift.

Von dem Ursprungszeugnis befreit sind kraft besonderer Ausnahmevorschrift die nur den Zwecken des Verkehrs, des häuslichen und geselligen Lebens dienenden Druckschriften (§ 6 Abs. 2). Den genannten Zwecken „dienen" nur solche Druckschriften, die im Gewerbebetriebe, Verkehr usw. zu den genannten Zwecken selbst körperliche Verwendung finden, wozu auch geschäftliche Reklamedruckschriften gehören[3]. Auch be-

---

[1]) RGSt. Band 21, S. 360. Das gleiche gilt, wenn der Verleger einen Teil der Zeitung, z. B. das Hauptblatt, selbst druckt bzw. drucken läßt und eine von einem anderen verlegte und an anderer Stelle gedruckte Kopfbeilage fertig bezieht und beilegt; auch hier muß auf der Kopfbeilage der wirkliche Drucker angegeben werden, die Angabe des Druckers des Hauptblattes genügt nicht.

[2]) Beilagen, die eine andere wirtschaftliche Zweckbestimmung haben als die eigentliche Zeitung oder Zeitschrift, z. B. die nicht nur zur Unterrichtung des Lesers, sondern zur dauernden Benutzung bestimmten Kalender, Fahrpläne, Adreßbücher oder die nicht nur für den Gebrauch des Beziehers, sondern zur Weitergabe an Dritte beigelegten Flugblätter sind selbständige Druckschriften, die alle Ursprungsangaben besonders zu tragen haben.

[3]) RGSt. 14, 279.

schränkt sich die Ausnahmevergünstigung auf die ausschließlich („nur") den genannten Zwecken dienenden Druckschriften. Jede Verquickung mit Dingen, die zum Gewerbe- oder Verkehrsbetrieb, zum häuslichen oder geselligen Leben nicht eigentlich gehören, wie Politik, allgemeine Wirtschafts-, Kultur- und sonstige Tagesfragen, beseitigt die Vergünstigung, die, wie die im Gesetz aufgeführten Beispiele zeigen, nur Druckschriften mit ganz primitivem Geistesinhalt, nicht etwa auch wirtschaftspolitischen Streitschriften u. dgl. zugute kommen soll[1]).

Kein Ursprungszeugnis erfordern ferner die von den deutschen Reichs-, Staats- und Gemeindebehörden, vom Reichstag und von den Landtagen herausgegebenen amtlichen Druckschriften (§ 12 PreßG.). Voraussetzung ist, daß die amtliche Stelle selbst Herausgeber ist, d. h. daß der gesamte aufzunehmende Stoff von ihr bzw. von ihren Beauftragten bestimmt wird. Die Verlagstätigkeit kann von einem Privatverleger ausgeübt werden. Soweit die amtliche Druckschrift nicht nur amtliche, sondern auch andere Mitteilungen enthält, unterliegt auch sie der Pflicht zur Ursprungsangabe.

Über die Bestrafung der Zuwiderhandlung gegen den Angabezwang und die Möglichkeit zur Beschlagnahme der Druckschrift vgl. S. 44 ff., 58 ff.

C. Der verantwortliche Schriftleiter.

Durch die Möglichkeit der fortdauernden geistigen Beeinflussung ihrer Leserschaft und der gleichzeitigen Verbreitung einer großen Anzahl von Stücken besitzt die periodische Presse eine ungleich größere Macht als die nichtperiodische. Das erhöht natürlich auch die Gefahr ihres Mißbrauchs. Ferner kommen gerade bei der periodischen Presse mit ihren oft mehrgliedrigen Redaktionen so viele Personen als geistige Urheber etwaiger Preßdelikte in Frage, daß es hier besonders schwer ist, die Hauptschuldigen zu ermitteln. Besonders, seitdem Verleger, Redakteure und technisches Personal über die Person des Verfassers einer Veröffentlichung strafbaren Inhalts keine Auskunft mehr zu geben

[1]) Bestritten; a. A. K. G. in Goltd. Arch. 51, 59, OLG. Celle v. 21. April 1925 (3 S. 93/25).

brauchen[1]), ist die Strafjustiz hier praktisch vielfach allein darauf angewiesen, unter den Redakteuren denjenigen herauszufinden, der den strafbaren Artikel zur Veröffentlichung gebracht hat. Da die Ermittlung dieses Redakteurs regelmäßig auf unüberwindliche Schwierigkeiten stößt, so hat das Gesetz einen anderen Weg vorgesehen, um eine angemessene strafrechtliche Ahndung der Preßdelikte zu sichern. Es bestimmt, daß für jede periodische Druckschrift[2]) bzw. für jeden Teil einer periodischen Druckschrift ein Redakteur die besondere Aufgabe zu übernehmen hat, den gesamten Inhalt auf seine etwaige Strafbarkeit zu prüfen und strafbaren Stoff von der Veröffentlichung auszuschließen. Damit ist an die Stelle der ehemals staatlichen Zensur gewissermaßen eine private, von der Presse selbst verwaltete, getreten. Diese unterscheidet sich jedoch insofern grundsätzlich von der staatlichen Zensur, als sie nicht mehr ein der jeweiligen Staatsregierung dienendes politisches Unterdrückungsmittel der Preßfreiheit, sondern eine lediglich Zwecken der Strafrechtspflege dienende, von allen politischen und polizeilichen Fesseln unabhängige Einrichtung ist. Verantwortlicher Redakteur ist nur der, welcher vom Verleger oder einem sonstigen, nach der Organisation des Betriebes dazu Berechtigten (z. B. u. U. dem Chefredakteur) mit der Redaktionstätigkeit der Sichtung des gesamten eingehenden Zeitungsstoffes auf strafbaren Inhalt und der Aussonderung strafbaren Stoffes in der Weise betraut ist, daß er diese Tätigkeit persönlich und nach eigener Ent-

[1]) Vgl. S. 26.

[2]) Periodische Druckschriften im Sinne des Preßgesetzes sind nur die durchschnittlich mindestens einmal monatlich erscheinenden Zeitungen und Zeitschriften; dagegen nicht die Lieferungswerke, auch nicht die sonstigen periodisch erscheinenden Druckschriften, wie Wetterberichte, Kurstabellen, Renndepeschen usw. Die amtlichen Druckschriften brauchen keinen verantwortlichen Redakteur zu haben; soweit sie jedoch nichtamtlichen Inhalt haben, muß für diesen Teil auch ein verantwortlicher Redakteur bestellt werden (§ 12 PreßG.). Ebenso sind die periodisch erscheinenden Zeitungskorrespondenzen von der Pflicht zur Bestellung und Angabe eines verantwortlichen Redakteurs befreit, sofern sie nur an Redaktionen verbreitet werden. Sobald sie auch andere als Redaktionen als Bezieher annehmen, verlieren sie das Privileg (§ 13 PreßG.).

schließung ständig zu besorgen hat[1]). Ob er die übernommene Pflicht tatsächlich in jedem einzelnen Falle persönlich erfüllt, ist für seine Stellung gleichgültig. Wer dagegen nur seinen Namen zur Benennung als verantwortlicher Redakteur hergegeben hat und von vornherein entweder kein eigenes Recht zur Aussonderung strafbaren Inhalts erhalten hat oder die fortlaufende Prüfung des eingehenden Stoffes gar nicht ständig persönlich besorgen sollte oder den Umständen nach gar nicht konnte, ist nicht verantwortlicher Redakteur, sondern nur Strohmann (Scheinredakteur, Sitzredakteur). Der verantwortliche Schriftleiter braucht nicht Redakteur im standes- oder berufsmäßigen Sinne des Wortes zu sein; vielmehr kann jeder, z. B. auch der Verleger oder Drucker, die verantwortliche Redaktion übernehmen. Schon durch die bloße Übernahme dieser Redaktionstätigkeit wird er zum Redakteur im Sinne des Gesetzes.

Um die Verfolgbarkeit der Preßdelikte sicher zu stellen, dürfen verantwortliche Schriftleiter nur Personen sein, die verfügungsfähig und im Besitz der bürgerlichen Ehrenrechte sind und die im Deutschen Reich ihren Wohnsiz oder gewöhnlichen Aufenthalt haben (§ 8). Im Inland ansässige Ausländer sind vom Amt des verantwortlichen Redakteurs nicht ausgeschlossen. Ebenso können nach geltendem Recht auch durch Exterritorialität oder Immunität vor Strafverfolgung geschützte Personen verantwortliche Redakteure sein; doch liegt ein Gesetz, welches diese Gesetzeslücke schließen soll, dem Reichstag bereits zur Beschlußfassung vor[2]).

Der Rechts- und Pflichtenkreis des verantwortlichen Redakteurs erstreckt sich grundsätzlich[3]) nur auf den geistigen Inhalt der Druckschrift[4]). Er hat den gesamten zur Veröffentlichung bestimmten Stoff zu sammeln

---

[1]) Über den Begriff des verantwortlichen Redakteurs vgl. Häntzschel, Reichspreßgesetz, S. 56 ff. und die dort zitierten Entscheidungen.

[2]) Näheres siehe S. 54/55.

[3]) Ausnahme: Die ihm durch §§ 10, 11 PreßG. besonders auferlegte Pflicht zur Aufnahme von amtl. Bekanntmachungen und Berichtigungen und die ihm durch die Rechtsprechung auferlegte Pflicht, für richtige Angabe seiner Person im Impressum zu sorgen (s. u.).

[4]) RGSt. 20, 430.

und zu sichten, auf seine Strafbarkeit zu prüfen und Veröffentlichungen strafbaren Inhalts zu verhüten[1]). Er hat also in strafrechtlicher Hinsicht (aber auch nur in dieser!) die Oberaufsicht über die gesamten Redaktionsgeschäfte, und zwar auch gegenüber dem Chefredakteur und dem Verleger[2]). Diese Oberaufsicht ist jedoch, zum Unterschied insbesondere von der des Chefredakteurs, eine rein negative Kontrollbefugnis (Vetorecht). Denn der verantwortliche Redakteur hat als solcher nur das Recht, die Aufnahme von Veröffentlichungen strafbaren Inhalts zu verhindern, nicht auch das Recht, positiv darüber zu entscheiden, was aufgenommen werden soll. Die Prüfungspflicht des verantwortlichen Redakteurs beschränkt sich auf die Verhinderung von Veröffentlichungen strafbaren Inhalts, d. h. auf die Verhütung von Preßdelikten[3]). Ob durch die Veröffentlichung eines an sich straflosen Inhalts eine zum Schadensersatz verpflichtende Handlung (z. B. Kreditschädigung) oder ob eine Verletzung der Urhebergesetze durch unerlaubten Nachdruck begangen wird, hat der verantwortliche Redakteur als solcher nicht zu prüfen. Daneben hat er nur noch darüber zu wachen, daß die preßpolizeiliche Pflicht zur Angabe des oder der verantwortlichen Redakteure[4]) sowie zur Aufnahme von amtl. Bekanntmachungen und Berichtigungen (§§ 10, 11 PreßG.) richtig erfüllt wird.

Die verantwortliche Redaktion einer Zeitung oder Zeitschrift kann unter mehrere verantwortliche Redakteure geteilt werden, wenn die Grenzen ihrer Arbeitsgebiete durch äußere, ohne weiteres in die Augen fallende Mittel so deutlich auf der Zeitung angegeben werden können, daß das jedem Redakteur zugewiesene Arbeitsgebiet als bestimmter räumlicher Teil der Zeitung auch für den erkennbar ist, der nur die äußere Einrichtung und Anordnung des Textes, nicht den Inhalt ins Auge faßt[5]). In der Praxis wird dieses gesetzliche Erfordernis jedoch — unter stillschwei-

---

[1]) RGSt. 59, 181.

[2]) RGSt. Bd. 20, 433.

[3]) Über den Begriff vgl. S. 50f.

[4]) RGSt. 6, 368; RG. in Goltd. Arch. 39, 51.

[5]) RGSt. 34, 187 (189).

gender Billigung der Behörden — oft nicht beachtet. Die Bestellung mehrerer verantwortlicher Redakteure für gleiche Teile der Zeitung ist unzulässig.

Der oder die verantwortlichen Redakteure müssen auf der Zeitung als solche benannt werden, und zwar in einer Weise, die ihre Eigenschaft nicht nur als Redakteur, sondern gerade auch als verantwortlicher Redakteur klar erkennen läßt. Im Falle der Teilung der verantwortlichen Redaktion soll das Impressum der Zeitung auch erkennen lassen, für welchen Teil jeder der verantwortlichen Redakteure die verantwortliche Redaktion übernommen hat. Schuldhafte Zuwiderhandlungen gegen die Vorschriften werden nach §§ 18, 19 PreßG. bestraft. Im Falle wissentlicher Falschangabe ist die Beschlagnahme der betreffenden Nummer der Zeitung oder Zeitschrift auch ohne richterliche Anordnung (durch Staatsanwaltschaft oder gerichtliche Polizei) zulässig (§ 23 Nr. 1 PreßG.). Wer mit seinem Wissen und Willen auf der Zeitung als verantwortlicher Redakteur benannt ist, gegen den spricht die faktische Vermutung, daß er auch verantwortlicher Redakteur im Sinne des Gesetzes ist[1]). Nur wenn sich im Laufe des Strafverfahrens herausstellt, daß er es tatsächlich nicht war, muß das Gericht nähere Ermittelungen zur Auffindung des wirklichen verantwortlichen Redakteurs anstellen. Nur letzterer darf in solchem Falle als Täter des Preßdelikts in Anspruch genommen werden, während der fälschlich genannte Scheinredakteur nur wegen Zuwiderhandlung gegen die Angabepflicht (§§ 18, 19 PreßG.)[2]) haftbar gemacht werden kann[3]).

D. Das polizeiliche Pflichtstück.

Um die Strafverfolgungsbehörden in die Lage zu versetzen, gegen Veröffentlichungen strafbaren Inhalts sofort einzuschreiten, schreibt § 9 PreßG. vor, daß von jeder Nummer einer inländischen Zeitung oder Zeitschrift[4]) ein polizeiliches Pflichtstück gleichzeitig mit dem Beginn der Austeilung oder

---

[1]) RGSt. 27, 251/52; Bayr. OLG. 13, 296.

[2]) Über die Bestrafung der Zuwiderhandlung vgl. S. 44 ff.

[3]) RGSt. 27, 252 u. herrschende Meinung.

[4]) Ausgenommen die rein amtlichen Druckschriften (vgl. S. 35) und die Korrespondenzen (vgl. S. 36 Anm. 2).

Versendung der Polizeibehörde des Ausgabeorts[1]) unentgeltlich abzuliefern ist. Ablieferungspflichtig ist der Verleger. Es handelt sich hier nicht um eine Zensurmaßnahme, was schon daraus hervorgeht, daß die Ablieferung nicht vor, sondern zugleich mit der Ausgabe zu erfolgen hat. Die ausschließlich Zwecken der Wissenschaft, der Kunst, des Gewerbes oder der Industrie dienenden Fachzeitschriften sind von der Ablieferungspflicht befreit. Zuwiderhandlungen werden gemäß § 19 Nr. 3 PreßG. bestraft[2]). Die Anwendung polizeilichen Zwanges, um den Verleger zur Ablieferung anzuhalten, ist unzulässig.

E. Der Berichtigungszwang.

Um sowohl den Staat wie den Einzelnen vor den Beeinträchtigungen zu schützen, die ihnen aus der unwidersprochenen Verbreitung sie persönlich berührender Tatsachen erwachsen können, legt § 11 des RPrG. dem verantwortlichen Redakteur einer periodischen Druckschrift[3]) die Verpflichtung auf, eine Berichtigung der in letzterer mitgeteilten Tatsachen auf Verlangen einer beteiligten öffentlichen Behörde oder Privatperson ohne Einschaltungen oder Weglassungen aufzunehmen, sofern die Berichtigung von dem Einsender unterzeichnet ist, keinen strafbaren Inhalt hat und sich auf tatsächliche Angaben beschränkt. Grundgedanke der Bestimmung ist, der Freiheit der Behauptung in gewissen Grenzen die Freiheit der Erwiderung gegenüberzustellen. Es handelt sich also um ein Korrelat zur Preßfreiheit, das man vor Einführung der freiheitlichen Preßgesetzgebung noch nicht kannte.

Die Berichtigungspflicht des deutschen Rechts ist öffentlich-rechtlicher Natur, wie schon ihre äußere Stellung unter dem Gesetzestitel „Ordnung der Presse" erkennen läßt[4]).

---

[1]) Ausgabeort ist gleichbedeutend mit Erscheinungsort (vgl. S. 30 Anm. 2).

[2]) Vgl. S. 44 ff.

[3]) Über den Begriff siehe S. 36 Anm. 2; ausgenommen sind die rein amtlichen Druckschriften (§ 12 PreßG. vgl. S. 35) und die nur an Redaktionen verbreiteten Zeitungskorrespondenzen (§ 13 PreßG.; vgl. S. 36 Anm. 2).

[4]) Herrschende Meinung; a. A. Kitzinger S. 67.

Es gibt also im Falle der unberechtigten Verweigerung der Berichtigung keine zivilrechtliche Erfüllungsklage[1]), sondern nur die vom Einsender selbst durch Stellung eines Strafantrags zu veranlassende öffentlich-rechtliche Strafklage. Ist dem Einsender durch unberechtigte Ablehnung oder Verzögerung der Berichtigung ein Vermögensschaden entstanden, so kann er diesen nach § 823 Abs. 2 BGB. im Zivilprozeß einklagen.

Die Entstehung der Berichtigungspflicht ist lediglich an formale Voraussetzungen (Eigenschaft des Einsenders als Beteiligter, persönliche Unterzeichnung der Berichtigung, Beschränkung ihres Inhalts auf tatsächliche Angaben nicht strafbaren Inhalts) gebunden, dagegen braucht der Einsender nicht zu beweisen, daß die zu berichtigende Mitteilung unwahr oder daß die eingesandte Berichtigung wahr ist. Ebensowenig hat der verantwortliche Redakteur das Recht, eine Berichtigung deshalb zurückzuweisen, weil er sie für unwahr hält. Einen Schutz gegen unwahre Berichtigungen hat der verantwortliche Redakteur nur insofern, als er zugleich mit dem Abdruck der Berichtigung durch Kopf- oder Fußnote darauf hinweisen kann, daß und warum er seine ursprüngliche Behauptung aufrechterhält[2]). Der Berichtigungszwang umfaßt sowohl den redaktionellen wie den Anzeigenteil[3]). Wahrheitsgetreue Parlamentsberichte sind nach Art. 30 RV. von jeder Verantwortlichkeit frei, ihr Inhalt unterliegt deshalb auch nicht dem Berichtigungszwang. Berichtigungsberechtigt ist nur ein Beteiligter. Beteiligt bedeutet nicht verletzt oder angegriffen, beteiligt ist auch nicht nur der, welcher namentlich oder sonst erkennbar in der Zeitung genannt ist, sondern jeder, der durch die mitgeteilte Tatsache unmittelbar oder mittelbar in seinen persönlichen (bzw. behördlichen) Interessen berührt wird und deshalb ein rechtlich beachtenswertes Interesse an ihrer Berichtigung hat. Doch muß es sich um eine den Beteiligten als Einzelpersön-

---

[1]) OLG. Düsseldorf i. J. W. 53, 1538 und herrschende Meinung.

[2]) Gegenüber einer solchen Gegenerklärung der Redaktion hat der Einsender nicht etwa ein nochmaliges Berichtigungsrecht, es sei denn, daß sie neue Tatsachen enthält (OLG. Celle i. Z. V. 1927, S. 1123).

[3]) Bestritten; wie hier herrschende Meinung und übereinstimmende Praxis der Gerichte.

lichkeit berührende Angelegenheit handeln, im Gegensatz zu solchen, die er, wie z. B. allgemein-politische, religiöse oder künstlerische Interessen, mit einem unbegrenzten Personenkreis gemeinsam hat. Tatsächlicher Natur ist jede Mitteilung über etwas Geschehenes oder Bestehendes, das in Erscheinung getreten und dadurch Gegenstand menschlicher Wahrnehmung geworden ist, m. a. W. alles, was — wenn auch vielleicht nicht im konkreten Einzelfall — zum Gegenstand einer Beweiserhebung gemacht werden könnte[1]). Auch Mitteilungen über sog. innere Tatsachen, d. h. über Vorgänge, die sich im Innern eines Menschen tatsächlich abgespielt haben sollen, wie insbesondere über die Beweggründe und Absichten, die zu einem Tun und Lassen geführt, Freude, Angst oder ähnliche innere Gefühlsäußerungen, die ein Erlebnis begleitet haben, sind tatsächlicher Natur[2]); dagegen nicht: Werturteile, Geschmacks- oder Gefühlsäußerungen, rein logische Schlußfolgerungen, Hypothesen und Polemiken. Im übrigen ist es gleichgültig, ob es sich um Mitteilungen der Redaktion oder etwa nur um ein „Eingesandt" handelt, ob die Mitteilung vorbehaltlos oder mit dem Vermerk erfolgt ist, daß die Redaktion eine Gewähr für ihre Richtigkeit nicht übernehmen könne.

Das an den verantwortlichen Redakteur oder an die Redaktion zu richtende Ersuchen um Aufnahme der Berichtigung kann formlos, insbesondere also auch mündlich geschehen, aber der Text der abzudruckenden Berichtigungserklärung selbst muß druckfertig[3]) und mit der Unterschrift des Einsenders (nicht eines Bevollmächtigten) versehen übermittelt werden[4]). Aufnahme der Berichtigung kann nicht in jeder beliebigen Sprache, sondern nur in der Sprache der Zeitung oder in deut-

[1]) RGSt. 55, 131.

[2]) RGSt. 22, 159; 24, 300; 55, 132.

[3]) RGSt. 44, 5.

[4]) Eigenhändige Unterschrift ist nicht vorgeschrieben, so daß es genügt, wenn ein anderer mit Einwilligung des Beteiligten dessen Namen darunter setzt. Ob telegraphische Übermittlung der Berichtigung genügt, ist bestritten (dafür Riß i. J.W. 40, 386 Note 3, Kitzinger S. 78, Häntzschel S. 87, dagegen OLG. Königsberg J.W. 1927 S. 1601 und Mannheim S. 26).

scher Sprache verlangt werden[1]). Zur Übersetzung der Berichtigung ist der verantwortliche Redakteur weder berechtigt, noch verpflichtet. Der Abdruck der Berichtigung erfolgt kostenfrei, soweit die Berichtigung den Rahmen der zu berichtigenden „Mitteilung"" (nicht etwa des ganzen Artikels, in welchem diese Mitteilung stand) nicht überschreitet. Für die überschießenden Zeilen sind dem Verleger die üblichen Einrückungsgebühren nachträglich zu vergüten.

Dadurch, daß die Rechtsprechung teilweise die gesetzlichen Formerfordernisse einer Berichtigung sehr streng ausgelegt hat, sowie dadurch, daß nur die wenigsten in der Lage sind, zwischen rein tatsächlichen und anderen Mitteilungen streng zu unterscheiden, ist es schwer, eine Berichtigung so abzufassen, daß sie den gesetzlichen Vorschriften voll ententspricht. Ist letzteres aber auch nur teilweise nicht der Fall, so braucht der verantwortliche Redakteur die ganze Berichtigung nicht aufzunehmen[2]). Gelingt es trotz dieser formalen Schwierigkeiten, eine den Vorschriften des Gesetzes entsprechende Berichtigung zu verfassen, so genügt ihr Inhalt meist nicht den berechtigten Interessen des Beteiligten; denn er ist nicht nur auf tatsächliche Angaben beschränkt, sondern darf auch nur das berichtigen, was die Zeitung wirklich an Tatsachen mitgeteilt hat. Jede Mitteilung neuer, den Zeitungsbericht ergänzender Tatsachen ist auch dann unzulässig, wenn sie erfolgt, um dadurch einen falschen Gesamteindruck, der sich dem unbefangenen Leser als Schlußfolgerung aus den gemachten Mitteilungen aufdrängen könnte, zu beseitigen. Da es überdies der Zeitung nicht verwehrt ist, die Veröffentlichung der Berichtigung mit einem beliebigen, auf tatsächliche Angaben nicht beschränkten Begleittext zu versehen, so hat sie es in der Hand, die Wirkung der Berichtigung auf diese Weise stark abzuschwächen. Andererseits wird der Berichtigungszwang in seiner jetzigen Gestalt auch den Interessen der Presse nicht gerecht, da jedermann straflos unwahre Berichtigungen einsenden darf und der Redakteur, wie ausgeführt, zu ihrer Aufnahme auch dann genötigt ist, wenn die Unwahrheit des Inhalts der Berichtigung offenkundig ist.

---

[1]) OLG. Posen i. Goltd. Arch. 56, 117.

[2]) Vgl. den Wortlaut des § 11: „ohne Einschaltungen oder Weglassungen".

IV. Kapitel.

Die Preßpolizeidelikte (§§ 18, 19, 28 PreßG.).

Als Preßpolizeidelikte bezeichnet man die Zuwiderhandlungen gegen die reichs- und landesrechtlichen[1]) Vorschriften über die Ordnung der Presse. Zum Unterschied von den eigentlichen Preßdelikten liegt der Grund ihrer Strafbarkeit nicht im geistigen Inhalt der Druckschrift und seiner Verderblichkeit für bestimmte Rechtsgüter, sondern darin, daß der Täter einem speziell für die Presse geltenden staatlichen Gebot zuwidergehandelt hat, das nicht zum Schutze eines bestimmten Rechtsgutes, sondern ganz allgemein im Interesse des öffentlichen Wohles, d. h. zum Schutze einer unbestimmten Vielheit nach Lage der Sache überhaupt in Betracht kommender Rechtsgüter erlassen worden ist. Zuwiderhandlungen gegen Vorschriften, die zwar polizeistrafrechtlichen, aber — mangels Beschränkung ihres Anwendungsgebietes auf die Presse — keinen preßpolizeilichen Charakter tragen, sind, auch wenn sie durch die Presse begangen werden, nicht Preßpolizei-, sondern Preßdelikte (z. B. Verübung groben Unfugs durch die Presse, § 360 Nr. 11 StGB.). Umgekehrt sind aber auch Zuwiderhandlungen gegen preßrechtliche, d. h. auf die Presse beschränkte staatliche Gebote dann nicht preßpolizeilicher Natur, wenn diese Vorschriften ein bestimmtes Rechtsgut schützen, in Wirklichkeit also gar nicht polizeistrafrechtlicher Natur sind, sondern dem allgemeinen Strafrecht angehören. Letzteres gilt insbesondere von den Zuwiderhandlungen gegen die §§ 16, 17 PreßG., die ein bestimmtes Rechtsgut, nämlich die Achtung und Unabhängigkeit der staatlichen Rechtspflege schützen sollen und die nur versehentlich im Abschnitt „Ordnung der Presse" Aufnahme gefunden haben[2]).

---

[1]) Z. B. die landesrechtlichen Vorschriften über das Plakat- und Flugschriftenwesen.

[2]) Der Entwurf eines allgemeinen deutschen Strafgesetzbuches (Reichstagsdrucksache Nr. 3390 von 1927) sieht daher völlig zutreffend ihre teilweise Übernahme in das allgemeine Strafrecht vor, wobei gleichzeitig auch die durch nichts gerechtfertigte Beschränkung des Anwendungsgebietes dieser Vorschriften auf die Presse beseitigt werden soll.

Zu den Preßpolizeidelikten rechnen hiernach — neben den Zuwiderhandlungen gegen die zahlreichen landesrechtlichen Gesetze und Verordnungen auf dem Gebiete des Plakat- und Flugschriftenwesens — folgende im Reichspreßgesetz selbst unter Strafe gestellte Handlungen:

a) Die Zuwiderhandlungen gegen das Verbot der Verbreitung ausländischer Zeitungen und Zeitschriften (§ 14 i. Verb. mit § 18 Abs. 1 Nr. 1),

b) die Zuwiderhandlungen gegen die Pflicht zur Angabe von Drucker, Verleger und verantwortlichem Redakteur (§§ 6 bis 8 i. Verb. mit §§ 18, Abs. 1 Nr. 2; 18 Abs. 2; 19 Abs. 1 Nr. 1),

c) die Zuwiderhandlungen gegen die Pflicht zur Ablieferung des polizeilichen Pflichtstücks (§ 9 i. Verb. mit § 19),

d) die Zuwiderhandlungen gegen den Berichtigungszwang (§ 11 i. Verb. mit § 19),

e) die Zuwiderhandlungen gegen das Verbot der ferneren Verbreitung beschlagnahmter Druckschriften und des Wiederabdrucks der beanstandeten Stellen (§ 28).

Die Strafe beträgt in den Fällen des § 18 Geldstrafe bis zu 10 000 M.[1]) oder Haft oder Gefängnis bis zu sechs Monaten; in den Fällen des § 19 Geldstrafe bis zu 150 M. oder Haft bis zu sechs Wochen[2]); im Falle des § 28 Geldstrafe bis zu 10 000 M.[1]) oder Gefängnis bis zu sechs Monaten. Die Zuwiderhandlungen gegen die Veröffentlichungsverbote der §§ 16, 17 PreßG., die in § 18 Abs. 1 Nr. 1 mit Strafe bedroht werden, und die in § 19 Abs. 1 Nr. 3 unter Strafe gestellten Zuwiderhandlungen gegen die Pflicht zur Aufnahme amtlicher Bekanntmachungen sind nicht preßpolizeilicher Natur. Die letztere deshalb nicht, weil die amtliche Bekanntmachungspflicht keinen polizeilichen Charakter trägt, sondern unter das Recht der öffentlichen Abgaben und Lasten gehört[3]). Doch gilt das nachstehend Gesagte auch für diese Delikte.

Täter bzw. Teilnehmer eines Preßpolizeidelikts können grundsätzlich nicht nur die zum engeren Kreise der Hersteller, Herausgeber und Verbreiter der Druckschrift gehö-

---

[1]) Auf Grund der Verordnung über Vermögensstrafen vom 6. Februar 1924 (RGBl. I S. 44) ist an Stelle des im Gesetz genannten Höchstbetrages von 1000 M. der von 10 000 M. getreten.

[2]) § 18 StGB.

[3]) Vgl. S. 48/49.

rigen Personen sein, sondern jeder, der den strafbaren Tatbestand verwirklicht[1]). Bei den gesetzlichen Pflichten jedoch, die das Gesetz ausdrücklich nur bestimmten Personen auferlegt (z. B. bei der nur den Verleger treffenden Pflicht zur Ablieferung des Pflichtstücks (§ 9) und bei der nur den verantwortlichen Redakteur bindenden Verpflichtung zur Aufnahme von Berichtigungen)[2]), können lediglich die Genannten Täter, andere Personen dagegen nur Teilnehmer (Anstifter oder Gehilfen) sein. Verleger kann hier nicht wie bei der Ursprungsangabe (§ 6) auch eine juristische Person oder eine Firma, sondern, da es sich um strafrechtliche Haftung handelt, nur eine natürliche Person sein. Als Verleger haftet diejenige Person, die im Augenblick der Zuwiderhandlung die verantwortliche Leitung des Verlagsbetriebes tatsächlich innehatte, also keineswegs immer der Eigentümer oder Inhaber des Verlags.

Voraussetzung der Strafbarkeit bei allen Preßpolizeidelikten ist Verschulden[3]). Während jedoch bei den Übertretungen des § 19 PreßG. jedes Verschulden, auch die bloße Fahrlässigkeit, zur Strafbarkeit genügt[4]), sind die Vergehen gegen § 18 nach herrschender Ansicht nur im Falle vorsätzlichen Zuwiderhandelns strafbar[5]).

Für die im Reichspreßgesetz selbst mit Strafe bedrohten Preßpolizeivergehen (§§. 18, 28) gilt die kurze Preßverjährung des § 22 PreßG. Für die nach den Landesgesetzen strafbaren Preßpolizeivergehen gilt jedoch die längere allgemeine Verjährungsfrist des § 67 StGB. Die nur eine Übertretung darstellenden Preßpolizeidelikte verjähren sämtlich schon in drei Monaten[6]).

Von den einzelnen Zuwiderhandlungen bildet nur die gegen den Berichtigungszwang[7]) insofern Bemerkenswertes,

---

[1]) RGSt. 58, 245 und herrschende Meinung.

[2]) Das für die Berichtigung Gesagte gilt in gleicher Weise auch für die Pflicht zur Aufnahme amtlicher Bekanntmachungen (§ 10).

[3]) RGSt. 9, 962.

[4]) RGSt. 16, 144.

[5]) RGSt. 36, 191.

[6]) § 67 Abs. 3 StGB.

[7]) Das über den Berichtigungszwang Gesagte gilt auch für die Zuwiderhandlungen gegen die Pflicht zur Aufnahme amtlicher Bekanntmachungen.

als hier die Bestrafung nur auf Antrag[1]) des Einsenders der Berichtigung eintritt und als ferner neben der Strafe vom Gericht die nachträgliche Aufnahme der widerrechtlich verweigerten Berichtigung anzuordnen ist. Geschah jedoch die unberechtigte Weigerung im guten Glauben, so hat das Gericht unter Freisprechung von Strafe und Kosten nur die nachträgliche Aufnahme der Berichtigung anzuordnen. Praktisch hat sich die letztere Bestimmung insofern als lückenhaft erwiesen, als sie mangels einer entsprechenden Vollstreckungsvorschrift nicht zwangsweise durchgeführt werden kann. Kommt der verantwortliche Redakteur der Aufnahmeanordnung nicht nach, so kann er dazu auch nicht durch eine abermalige Verurteilung angehalten werden, da seine Zuwiderhandlung gegen § 11 eine res judicata darstellt und die Zuwiderhandlung gegen § 19 Abs. 2 als solche nicht unter Strafe gestellt ist. Nur der Einsender der Berichtigung selbst hat insofern die Möglichkeit, auf die Zeitung und ihren jeweiligen verantwortlichen Redakteur einen gewissen Druck auszuüben, als er bis zur Aufnahme einer Berichtigung jeder Zeit berechtigt bleibt, die gleiche oder auch eine anders formulierte Berichtigung von neuem einzusenden und im Falle der erneuten Verweigerung wiederum Strafantrag zu stellen. Der Verfolgung und Bestrafung dieser neuen Zuwiderhandlung gegen § 11 steht die erste Verurteilung nicht entgegen.

V. Kapitel.

Dienstbarmachung der Presse für staatliche Zwecke.[2])
(§§ 10, 30 Abs. 3 PreßG.).

Das deutsche Preßgesetz beschränkt sich nicht darauf, die Freiheit der Presse zu schützen und einem verderblichen Miß-

[1]) Trotz des Strafantrags hat die Staatsanwaltschaft auf Grund der neuen Fassung des § 153 StPO. das Recht auf Unterlassung der Strafverfolgung, wenn die Schuld des Täters gering, die Folgen der Tat unbedeutend und die Verfolgung nicht im öffentlichen Interesse nötig erscheint. Rechtsgarantien gegen eine unterschiedliche Behandlung der Presse bei der Handhabung dieses Rechts durch die Staatsanwaltschaft bestehen z. Zt. noch nicht.

[2]) Über den preßrechtlichen Charakter dieser Vorschriften vgl. S. 2.

brauch der Preßfreiheit entgegenzutreten, sondern geht, französischem Vorbild folgend, auch dazu über, die Wirkungsmacht der periodischen Presse gesetzlich in den Dienst des Staates zu stellen. Diesem Zweck dient zunächst die Vorschrift des § 10 PreßG., welcher die periodische Presse verpflichtet, amtliche Bekanntmachungen einschließlich der auf Grund gerichtlicher Anordnungen zu veröffentlichenden Urteile (z. B. in Beleidigungsprozessen gemäß § 200 StGB.) gegen Zahlung der üblichen Einrückungsgebühren in ihren Inseratenteil aufzunehmen. Verpflichtet zur Aufnahme ist der verantwortliche Redakteur, was deshalb einigermaßen befremdet, weil es sich nur um den Inseratenteil handelt. Zuwiderhandlungen gegen die Bekanntmachungspflicht werden nach § 19 Abs. 1 Nr. 3 bestraft[1]). Die Anwendung polizeilichen Zwangs zur tatsächlichen Durchsetzung der Aufnahme ist unzulässig (§ 1 PreßG.), doch hat das Gericht im Strafurteil die nachträgliche Aufnahme anzuordnen, sofern die beteiligte Behörde an ihr noch ein Interesse hat[1]).

Der Förderung der Interessen des Staates und der Allgemeinheit dient auch die Vorschrift des § 30 Abs. 3 PreßG., die den Ländern das Recht vorbehält, die Presse zur entschädigungslosen Ablieferung von Freiexemplaren (sogen. Bibliotheksexemplaren) zu verpflichten[2]). Hierdurch soll die Vollständigkeit der öffentlichen Bibliotheken und Sammlungen gesichert werden. Da die nähere Ausgestaltung der Ablieferungspflicht der Landesgesetzgebung vorbehalten geblieben ist, so kann diese abweichend vom Grundsatz der Preßfreiheit für den Fall der Zuwiderhandlung nicht nur Strafen androhen, sondern auch die polizeiliche Erzwingung der Ablieferung zulassen, was in einzelnen Ländern, z. B. Preußen, geschehen ist.

Beide Vorschriften, sowohl die über die amtliche Bekanntmachungspflicht wie die über die Freiexemplare, sind nicht preßpolizeilicher Natur, wie man auf Grund der Stellung des § 10 PreßG. im Abschnitt „Ordnung der Presse" anzunehmen versucht sein könnte. Vielmehr stellen sie eine der

---

[1]) Vgl. S. 45 ff.

[2]) Über die z. Zt. in Geltung befindlichen Vorschriften dieser Art vgl. Häntzschel „Reichspreßgesetz" S. 267 ff.

Presse im Allgemein- und Staatsinteresse auferlegte öffentliche Last dar. Alle übrigen Sonderlasten der Presse, insbesondere jede Art von Sonderbesteuerung der Presse[1]), sind abgeschafft.

VI. Kapitel.

Das Preßstrafrecht (§§ 20—29 PreßG.).

A. Die strafrechtliche Verantwortung der Presse (§§ 20, 21 PreßG.)

Die Preßfreiheit des § 1 PreßG. befreit die Presse nicht von ihrer Verantwortlichkeit in strafrechtlicher Hinsicht. Vielmehr gelten für Strafbarkeit und Verfolgung der durch die Presse begangenen Delikte grundsätzlich die allgemeinen Straf- und Prozessgesetze[2]). Ein Grundsatz, den § 20 Abs. 1 PreßG. ausdrücklich an die Spitze der Vorschriften über die Verantwortlichkeit für die durch den Inhalt von Druckschriften begangenen strafbaren Handlungen stellt. Aber nur als Grundsatz! Die Erfahrungen, die man vor dem Inkrafttreten des Reichspreßgesetzes in den deutschen Einzelstaaten gesammelt hatte, brachten die Gesetzgeber zu der Überzeugung, daß die allgemeinen Straf- und Prozeßgesetze allein nicht ausreichen würden, um eine wirksame Verfolgung der Preßdelikte zu sichern. Der Grund hierfür liegt in den besonderen Schwierigkeiten, die sich gerade bei den Preßdelikten der Ermittlung des Täters und dem Nachweis seiner Schuld entgegenstellen. Der Verfasser ist berechtigt, anonym oder pseudonym zu schreiben[3]). Redakteur, Verleger und technisches Personal der Druckschrift verweigern unter Berufung auf das Redaktionsgeheimnis regelmäßig die Nennung des unbekannten Verfassers

---

[1]) Vgl. jedoch S. 67 über die Zulässigkeit von Plakatsteuern.

[2]) Vgl. die Übersichtstafel S. XVII ff., insbesondere auch die Ausnahmevorschriften über die Verantwortungsfreiheit für wahrheitsgetreue (nicht notwendig wortgetreue) Parlamentsberichte (Art. 30 RV.) und über die nicht rechtswidrige und deshalb straflose Beleidigung bei Wahrnehmung berechtigter Interessen (siehe S. 24).

[3]) Vgl. hierüber S. 26.

und können auch durch das Mittel des gerichtlichen Zeugniszwangs nicht mehr dazu angehalten werden[1]). Auch die übrigen für das Preßdelikt etwa noch haftbaren Personen sind schwer zu ermitteln, da oft so viele Personen am Zustandekommen einer Druckschrift beteiligt sind, daß die Ermittlung der eigentlichen Täter und der Nachweis ihres Verschuldens auf unüberwindliche Schwierigkeiten stößt. Da diese bei den periodischen Druckschriften am größten sind, so hat das Gesetz zunächst vorgeschrieben, daß jede periodische Druckschrift einen verantwortlichen Redakteur haben muß, dessen besondere Pflicht die strafrechtliche Überprüfung des Inhalts der Druckschrift ist[2]). Dies war die erste, schon in den älteren deutschen Landespreßgesetzen vorgesehene Sondervorschrift zur Sicherung der strafrechtlichen Verantwortlichkeit der Presse; aber sie genügte nicht. Denn der verantwortliche Redakteur erhob regelmäßig den Einwand, daß er den Inhalt gerade der inkriminierten Veröffentlichung zufällig weder gelesen, noch sonst zur Kenntnis bekommen habe, und nur ausnahmsweise gelang es, ihm das Gegenteil zu beweisen. Das Reichspreßgesetz hat daher noch eine Reihe von Sondervorschriften über die strafrechtliche Haftung der Beteiligten und insbesondere des verantwortlichen Redakteurs getroffen, um so die strafrechtliche Ahndung der Preßdelikte zu sichern.

Diese Sondervorschriften gelten nur für Preßdelikte. Das deutsche Preßgesetz enthält zum Unterschied von vielen ausländischen keine Aufzählung der Preßdelikte dergestalt, daß die Presse nur wegen der im Preßgesetz selbst aufgeführten Delikte zur Verantwortung gezogen werden könnte. Auf die Presse finden vielmehr grundsätzlich die allgemeinen Strafgesetze Anwendung, und jede strafbare Handlung, die durch den Inhalt einer Druckschrift begangen werden kann, ist Preßdelikt, wenn sie im Einzelfalle auf diese Weise begangen worden ist[3]). Unter Preßdelikten versteht man also in Deutschland nicht eine Sondergattung von strafbaren Handlun-

[1]) Vgl. S. 26.

[2]) Näheres S. 35.

[3]) Eine Ausnahme bilden die wenigen strafbaren Handlungen, die nur bei Begehung durch die Presse strafbar sind, vgl. z. B. §§ 16, 17, 21, 28 PreßG., Art. III des Gesetzes betreffend die unter Ausschluß der Öffentlichkeit stattfindenden Gerichtsverhandlungen (Anhang S. 93) und § 89 des Börsengesetzes (Anhang S. 95).

gen, sondern nur eine eigentümliche Begehungsform von solchen. Preßdelikte sind aber nicht alle vermittels einer Druckschrift begangenen strafbaren Handlungen, sondern nur solche, deren Strafbarkeit auf der verderblichen Beschaffenheit des durch die Druckschrift verbreiteten geistigen Inhalts beruht und die durch Verbreitung einer Druckschrift solchen Inhalts vollständig, d. h. soweit begangen worden sind, daß Täter und Gehilfen zur Herbeiführung des strafbaren Erfolges nichts weiter zu tun übrig blieb[1]). Die Sondervorschriften der §§ 20 Abs. 2, 21 PreßG. gelten also weder für Zuwiderhandlungen gegen die ohne Rücksicht auf die Strafbarkeit des geistigen Inhalts zur Anwendung gelangenden preßpolizeilichen Vorschriften (über Ursprungsangabe, Berichtigungen usw.), noch für Zuwiderhandlungen gegen das Urheber- und Warenzeichenrecht, noch schließlich für solche strafbaren Handlungen, die durch Verbreitung einer Druckschrift allein gar nicht begangen werden können, sondern bei denen zur Begehung notwendigerweise außerdem noch eine andere Ausführungshandlung des Täters oder Teilnehmers erforderlich ist (z. B. unerlaubte Veranstaltung einer öffentlichen Lotterie § 286 StGB.). Ob sie auch dann gelten, wenn der geistige Inhalt der Druckschrift an sich harmlos ist und erst dadurch eine verderbliche geistige Wirkungskraft erlangt, daß er unter besonderen, die Strafbarkeit der Verbreitung erst begründenden äußeren Umständen verbreitet wird, ist streitig. Die heute wohl als herrschend zu bezeichnende Ansicht neigt dazu, dies zu verneinen, d. h. zu verlangen, daß der Inhalt der Druckschrift für sich allein auch ohne das Hinzutreten besonderer äußerer Umstände die Strafbarkeit der Verbreitung selbständig zu begründen vermag, indem er für jeden an der Verbreitung Beteiligten objektiv erkennbar macht, daß seine Bestimmung zur Verbreitung zugleich die zur Begehung einer strafbaren Handlung ist.

Für diese Preßdelikte gelten neben den allgemeinen Strafgesetzen folgende Sondervorschriften:

[1]) Wenn Täter und Gehilfen durch die Presse alle Voraussetzungen für den Eintritt des strafbaren Erfolgs geschaffen haben, so wird der Charakter als Preßdelikt nicht wieder dadurch beseitigt, daß sie zur noch größeren Sicherung des erstrebten Erfolges noch andere Handlungen begehen, die nicht mit der Presse verübt werden.

Zur Erleichterung der Strafverfolgung stellt § 20 Abs. 2 PreßG. zu Lasten des verantwortlichen Redakteurs die widerlegbare Vermutung auf, daß er die in seiner Zeitung erschienenen Veröffentlichungen auf ihre Strafbarkeit geprüft und vorsätzlich, in Kenntnis und Verständnis ihres Inhalts habe erscheinen lassen[1]). Damit soll dem verantwortlichen Redakteur der Einwand abgeschnitten werden, er habe die strafbare Veröffentlichung vor ihrem Erscheinen nicht gekannt.

Ist weder der Verfasser, noch der Einsender, noch — bei nichtperiodischen Druckschriften — der Herausgeber der strafbaren Veröffentlichung bekannt oder befinden sie sich zur Zeit ihres Erscheinens sämtlich außerhalb der richterlichen Gewalt der deutschen Gerichte, so sieht § 21 PreßG. noch eine besondere Bestrafungsmöglichkeit des verantwortlichen Redakteurs, Verlegers[2]), Druckers und Verbreiters für den Fall vor, daß ihnen Täterschaft oder Teilnahme auf Grund der allgemeinen Gesetze und der Vorschrift des § 20 Abs. 2 PreßG. nicht nachgewiesen werden kann[3]).

Die Bestrafung erfolgt dann deshalb, weil sie durch fahrlässige Verletzung der mit der Ausübung des Preßgewerbes verbundenen Sorgfaltspflichten die Verbreitung einer Druckschrift strafbaren Inhalts verschuldet haben. Das Fahrlässigkeitsdelikt des § 21 ist ein Sonderdelikt. Die Bestrafung erfolgt nicht etwa wegen fahrlässiger Begehung des durch den Inhalt der Druckschrift begründeten Preßdelikts (fahrlässige Beleidigung, fahrlässiger Landesverrat usw.), sondern wegen fahrlässiger Berufspflichtverletzung. Die Schaffung dieses Sonderdelikts aber erfolgte nicht deshalb, weil man die Verletzung dieser beberuflichen Pflicht für besonders strafwürdig hielt und ihr

---

[1]) RGSt. 21, 65; 26, 21; 27, 338; 31, 213.

[2]) Über den Begriff des Verlegers bei strafrechtlichen Haftungsvorschriften siehe S. 46; entsprechendes gilt für den Drucker.

[3]) Ausnahme: § 12 der Bekanntmachung über Wohlfahrtspflege vom 15. Februar 1917 (RGBl. S. 143), wo bestimmt wird, daß für die in § 11 Nr. 1 bis 4 dieser Verordnung enthaltenen Zuwiderhandlungen die Sonderhaftung der Presse aus § 21 PreßG. nur dann eintritt, wenn der Haftende selbst Veranstalter der unerlaubten Wohlfahrtsunternehmung war (Wortlaut der Vorschrift siehe Anh. S. 91).

durch Strafdrohungen polizeilicher Art vorbeugen wollte[1]), sondern lediglich aus dem Grunde, um dort, wo die allgemeinen, durch die Beweisvermutung des § 20 Abs. 2 schon ergänzten Strafgesetze sich trotzdem noch als ungenügend erweisen sollten, eine weitere Möglichkeit zur Ahndung der strafbaren Handlung — wenn auch unter anderem rechtlichen Gesichtswinkel — zu schaffen. Die Vorschrift des § 21 hat sonach nur subsidiären Charakter. Ihre Anwendung darf nie zu einer weitergehenden oder schwereren Bestrafung führen, als es nach den allgemeinen Strafgesetzen wegen Täterschaft oder Teilnahme am Preßdelikt zulässig sein würde. Dieser Hilfscharakter der Vorschrift findet seinen gesetzlichen Ausdruck darin, daß sie dann, wenn Verfasser, Einsender oder Herausgeber bekannt und der deutschen Justiz erreichbar sind, überhaupt nicht zur Anwendung kommt, und daß niemand, der schon auf Grund der allgemeinen Strafgesetze gemäß § 20 als Täter oder Teilnehmer des Preßdelikts bestraft worden ist, außerdem noch auf Grund des § 21 in Anspruch genommen werden darf und umgekehrt. Ist das durch den Inhalt der Druckschrift begründete Delikt nur auf Antrag des Verletzten verfolgbar, so kann ohne diesen Antrag auch keine Bestrafung aus § 21 stattfinden. Der Hilfscharakter tritt ferner in der Gestaltung der Haftung als einer Stufenhaftung zutage, indem jede der in § 21 als haftbar bezeichneten Personen straffrei wird, sobald eine der in der Reihenfolge dieses Paragraphen vor ihm genannten haftbaren Personen der Justiz bekannt wird.

Das System der Stufenhaftung ist aus dem belgischen Recht entlehnt. Die Einführung eines Sonderdelikts für berufliche Fahrlässigkeit stammt aus dem alten preußischen Preßgesetz und der in § 20 Abs. 1 vorgesehene Aufbau der strafrechtlichen Verantwortlichkeit auf der Grundlage der allgemeinen Strafgesetze ist aus anderen, vor dem Reichspreßgesetz in Kraft gewesenen deutschen Landespreßgesetzen übernommen worden. Es sind also im Reichspreßgesetz drei verschiedene Haftungssysteme miteinander verkoppelt worden. Da diese nicht in allen Beziehungen miteinander übereinstimmen und sich in ihrer Auswirkung vielfach gegenseitig beeinträchtigen, so hat dies zu mannigfachen Auslegungsschwierigkeiten geführt.

---

[1]) Das Sonderdelikt des § 21 zählt daher nicht zu den Preßpolizeidelikten (vgl. S. 2, 44).

Auch auf das Sonderdelikt des § 21 PreßG. finden die allgemeinen Strafgesetze Anwendung. Nach ihnen richtet sich insbesondere auch die Frage des Verschuldens. Die in der Vorschrift enthaltene gesetzliche Schuldvermutung gegen die in § 21 bezeichneten Personen ist durch jahrzehntelanges richterliches Gewohnheitsrecht dahin abgeändert worden, daß hier dem Täter sein Verschulden ebenso nachgewiesen werden muß, wie bei jeder anderen Straftat[1]). Was als Fahrlässigkeit und Pflichtverletzung anzusehen ist, kann nur nach Lage der Umstände des Einzelfalles unter Berücksichtigung der Stellung des Täters (ob Verleger, Redakteur, Verbreiter usw.) und der sich daraus für ihn ergebenden Sorgfaltspflicht beurteilt werden. Eine grundsätzliche, den gesamten Druckschrifteninhalt umfassende Prüfungspflicht hat nur der verantwortliche Redakteur und der Verleger nichtperiodischer Druckschriften[2]). Dagegen wird bei den übrigen Beteiligten, insbesondere aber bei Drucker und Verbreiter, eine Pflicht zur Prüfung des gesamten Inhalts nur dann angenommen, wenn sie nach Lage der Umstände mit der Möglichkeit strafbaren Inhalts rechnen mußten. Das Fahrlässigkeitsdelikt des § 21 verjährt nach sechs Monaten (§ 22).

Die Strafverfolgung der Preßdelikte ist in neuerer Zeit auch insofern auf Schwierigkeiten gestoßen, als Zeitungen und Zeitschriften vielfach von Abgeordneten als verantwortlichen Redakteuren gezeichnet werden. Die Fälle, in denen der betreffende Abgeordnete die verantwortliche Redaktion tatsächlich besorgt, rechnen zu den Ausnahmen. In der weitaus überwiegenden Mehrzahl der Fälle handelt es sich lediglich um eine Scheinnennung, um auf diese Weise dem gesamten Zeitungsinhalt, auch soweit er unter Benutzung des Rechts der Anonymität von anderen Personen verfaßt wird, den Schutz der Abgeordnetenimmunität zu verschaffen. Da § 8 PreßG. insofern eine Lücke enthält, als er die infolge von Immunität oder Exterritorialität strafrechtlich nicht oder doch nur ausnahmsweise verfolgbaren Personen vom Amt des verant-

[1]) RGSt. 26, 45; 59, 181; a. A. Kitzinger S. 159, Mannheim S. 74.

[2]) Diese Prüfungspflicht ist beim verantwortl. Redakteur höchst persönlicher Natur, während alle übrigen Beteiligten auch zuverlässige Dritte damit beauftragen können.

wortlichen Redakteurs nicht ausschließt, so hat die Reichsregierung dem deutschen Reichtag den Entwurf eines Gesetzes[1]) zur Änderung des Preßgesetzes vorgelegt, wonach Abgeordnete und Exterritoriale in Zukunft nicht mehr verantwortliche Redakteure periodischer Druckschriften sein dürfen. Der Gesetzentwurf ist vom Reichsrat angenommen, aber vom Reichstag bisher noch nicht verabschiedet worden.

Die rechtliche Behandlung der Preßdelikte richtet sich im übrigen grundsätzlich nach dem allgemeinen Strafrecht. Dies gilt insbesondere für die Abgrenzung zwischen Versuch und Vollendung des Preßdelikts (§§ 43 ff. StGB.)[2]), Täterschaft und Teilnahme (§§ 47—50 StGB.)[3]), Einheit und Mehrheit der Handlung (§§ 73, 74 StGB.) und für die Feststellung des Begehungsorts und der Begehungszeit der Preßdelikte.

B. Die Preßverjährung (§ 22 PreßG.).

Nach § 22 PreßG. verjährt die Strafverfolgung der Preßdelikte und der sonstigen im Reichspreßgesetz mit Strafe bedrohten Handlungen[4]) in sechs Monaten. Das Privileg der kurzen Preßverjährung hat seinen geschichtlichen Ursprung im Artikel 29

---

[1]) Reichstagsdrucksache Nr. 2682 (Wahlperiode 1924/26).

[2]) Der Versuch einer strafbaren Handlung erfordert, daß mit ihrer Ausführung begonnen worden ist. Da die Ausführungshandlung des Preßdelikts die Verbreitung ist, so ist also die Drucklegung einer Schrift strafbaren Inhalts regelmäßig nicht Versuch, sondern nur straflose Vorbereitungshandlung des Preßdelikts (vgl. RGSt. 35, 376; 61, 19; 20, 29). Eine Ausnahme gilt nur in den Fällen, wo schon eine solche Vorbereitungshandlung ein selbständig strafbares Delikt darstellt, z. B. bei der Herstellung unzüchtiger Schriften (§ 184 Nr. 1 StGB.) und bei der Vorbereitung eines hochverräterischen Unternehmens durch Herstellung hochverräterischer Schriften (§ 86 StGB.).

[3]) Verfasser und Redakteur (Herausgeber) einer Veröffentlichung strafbaren Inhalts sind regelmäßig als Mittäter anzusehen, während Drucker, Verbreiter und Verleger periodischer Druckschriften, wenn sie überhaupt vom Inhalt Kenntnis genommen haben, meist nur Gehilfen fremder Tat sind (bestritten; wie hier die Rechtsprechung und herrschende Meinung).

[4]) Das sind die Preßpolizeidelikte der §§ 18, 28 PreßG.; dagegen nicht die Preßpolizeidelikte des Landesrechts (vgl. S. 44, 48).

des französischen Preßgesetzes vom 26. Mai 1819. Von dort ist es zunächst in die Preßgesetze der deutschen Einzelstaaten und dann in das Reichspreßgesetz übernommen worden. Die Begründung[1]) des Reichspreßgesetzes gibt als Grund für die Abkürzung der Verjährung neben dem Hinweis auf die gleichartigen Vorschriften der in- und ausländischen Preßgesetzgebung die „Natur der Preßdelikte" an. Diese besondere Natur besteht, soweit es sich um die eigentlichen Preßdelikte handelt[2]), darin, daß der Tatbestand der strafbaren Handlung regelmäßig aus dem Inhalt der Druckschrift selbst ohne weiteres ersichtlich ist und daß — dank der besonderen gesetzlichen Haftungsvorschriften — regelmäßig auch ohne Schwierigkeiten eine Person zu ermitteln ist, die für das im Inhalt der Druckschrift enthaltene Delikt alsbald strafrechtlich zur Verantwortung gezogen werden kann. Dazu kommt, daß es bei den Preßdelikten auch deshalb erwünscht ist, die Strafverfolgungsbehörden zu möglichster Beschleunigung des Verfahrens anzuhalten, weil der Inhalt von Preßerzeugnissen und insbesondere von Zeitungen und Zeitschriften an die geistigen Strömungen des Tages gebunden ist und deshalb von den Gerichten am besten verstanden und am richtigsten gewürdigt wird, solange die Zeitereignisse und die Bewegungen der öffentlichen Meinung, die zu dieser Schreibweise geführt haben, noch frisch im Gedächtnis haften[3]).

Die kurze Verjährung gilt nur für Verbrechen und Vergehen. Bei Preßübertretungen verbleibt es bei der kürzeren Dreimonatsverjährung des § 67 Abs. 3 StGB. Sie gilt ferner nur für die Verjährung der Strafverfolgung, nicht auch für die der Vollstreckung bereits erkannter Strafen. Im übrigen macht es keinen Unterschied, ob die Veröffentlichung im Inland oder im Ausland erfolgte, viel-

---

[1]) Stenogr. Berichte des Reichstages Band 33 (1874) S. 142.

[2]) Über den Begriff vgl. oben S. 50/51.

[3]) Der gegen diesen Rechtfertigungsgrund der kurzen Preßverjährung oft gemachte Einwand, daß aus dem gleichen Grunde auch bei manchen anderen nicht durch die Presse begangenen Delikten eine solche Abkürzung der Verjährungsfrist erfolgen könnte, spricht wohl dafür, die Möglichkeit der Ausdehnung auch auf andere Delikte ins Auge zu fassen, aber nicht gegen die kurze Verjährung der Preßdelikte.

mehr gilt die Vorschrift für alle vor einem deutschen Gericht nach deutschem Recht zur Aburteilung gelangenden Preßstrafsachen[1]). Haben mehrere Personen zu verschiedenen Zeiten dieselbe Druckschrift verbreitet oder an der Verbreitung mitgewirkt, so ist der Lauf der Verjährungsfrist für jeden von ihnen gesondert zu bestimmen[2]).

Die Verjährung beginnt mit dem Anfang des Tages, an welchem die Handlung begangen worden ist, ohne Rücksicht auf den Zeitpunkt des eingetretenen Erfolges (§ 69 Abs. 4 StGB.). Bei einer Preßbeleidigung also z. B. bereits mit der ersten Verbreitung der die Beleidigung enthaltenden Druckschrift, nicht erst dann, wenn die Beleidigung durch Kenntnisnahme Dritter vom beleidigenden Inhalt zur Vollendung gelangt ist. Strittig ist, ob bei sogenannten fortgesetzten Handlungen, wie z. B. der sukzessiven Verbreitung einer Buchauflage durch den Verleger, die Verjährung sechs Monate nach dem ersten oder sechs Monate nach dem letzten Verbreitungsakt eintritt[3]).

Die Verjährung umfaßt die ganze Handlung des Täters einschließlich aller mit dieser eine Einheit bildenden Verbreitungsakte. Zugleich mit einer Preßbeleidigung ist also auch die Beleidigung verjährt, die der Verfasser bereits durch Einsendung des beleidigenden Manuskripts an den Redakteur begangen hat. Ist aber das Preßdelikt nicht zur Ausführung gekommen, z. B. weil das eingesandte Manuskript nicht oder doch nur ohne die beleidigenden Stellen veröffentlicht wurde, so gilt für die selbständig strafbaren Vorbereitungshandlungen nicht die kurze Preßverjährung, sondern die allgemeine Verjährung des Strafgesetzbuchs[4]).

[1]) RRspr. 1, 375; RGSt. 61, 19.

[2]) RGSt. 32, 69.

[3]) Die Rechtsprechung ist hier nicht einheitlich. Der Geschichte der Preßverjährung entspricht es, vom ersten Verbreitungsakt ab zu rechnen (so auch das französische Preßgesetz von 1819 und die meisten bis 1874 in Geltung gewesenen deutschen Landespreßgesetze). Die Literatur neigt jedoch überwiegend zum Gegenteil (vgl. hierüber Kitzinger S. 172, Häntzschel S. 193 ff., Mannheim S. 82).

[4]) RGSt. 24, 269; 38, 73. Der innere Grund hierfür ist darin zu suchen, daß solchen Delikten die Offenkundigkeit fehlt, welche die Strafverfolgungsbehörden zum sofortigen Einschreiten in den Stand setzt und die eine wesentliche Voraussetzung der kurzen Preßverjährung ist.

Der Eintritt der Verjährung steht der Unbrauchbarmachung der Druckschrift im sogenannten objektiven Verfahren (§ 42 StGB.) nicht entgegen[1]).

C. Die Beschlagnahme von Druckschriften[2]) (§§ 23 bis 28 PreßG.).

Die deutsche Strafprozeßordnung gibt in den §§ 94 ff. den Gerichten, bei Gefahr im Verzuge aber auch der Staatsanwaltschaft und der Polizei das Recht, „Gegenstände, welche als Beweismittel für die Untersuchung von Bedeutung sein können oder der Einziehung unterliegen", zu beschlagnahmen. Der Einziehung bzw. Unbrauchbarmachung sind nach § 41 StGB. alle Exemplare sowie die Platten und Formen einer Schrift, Abbildung oder Darstellung strafbaren Inhalts unterworfen.

Die unveränderte Anwendung dieser Vorschriften auf die Beschlagnahme von Druckschriften würde erhebliche Gefahren für die Freiheit der Presse mit sich bringen. Denn Staatsanwaltschaft und Polizei sind nicht nur Hilfsorgane der Strafrechtspflege, sondern gleichzeitig politische, den Weisungen vorgesetzter Regierungsstellen unterworfene Behörden. Bei ihnen ist deshalb die Versuchung, die ihnen durch die StPO. nur zu Zwecken der Strafrechtspflege eingeräumte Beschlagnahmebefugnis auch zur Erreichung politischer und polizeilicher Zwecke zu handhaben, besonders groß, zumal gerade die Preßdelikte in erheblichem Umfange politischer Natur zu sein pflegen. Die deutsche Gesetzgebung hat es daher für notwendig gehalten, hier Garantien gegen Mißbrauch des Beschlagnahmerechts zu schaffen. Dies erschien ihr um so angezeigter, als bei der Presse die Wirkung einer Beschlagnahme deshalb von besonders einschneidender Bedeutung ist, weil aktuelle Preßerzeugnisse durch eine auch

---

1) RGSt. 14, 283, vgl. S. 65/66.

2) Die Preßfreiheit des § 1 PreßG. schließt die Beschlagnahme von Druckschriften dann aus, wenn sie einen (z. B. auf Grund der allgemeinen Polizeigesetze) vorgenommenen Verwaltungsakt darstellt, steht jedoch einer als Akt der Rechtspflege auf Grund der Strafprozeßordnung angeordneten Beschlagnahme nicht entgegen (vgl. S. 15).

nur kurze Zeit dauernde Beschlagnahme ihren Wert völlig einbüßen und weil die Beschlagnahme mit Rücksicht hierauf eine Waffe bildet, mit Hilfe deren politisch mißliebige Zeitungen auf die Dauer überhaupt zum Erliegen gebracht werden können.

Die gesetzlichen Sicherungen bestehen darin, daß das selbständige Beschlagnahmerecht von Staatsanwaltschaft und Polizei auf einige wenige Delikte beschränkt ist, und daß für die Fälle, in denen der Staatsanwaltschaft und der Polizei die selbständige Beschlagnahmebefugnis belassen wird, besondere Rechtsgarantien vorgesehen sind, die eine sofortige Nachprüfung der Rechtmäßigkeit der Beschlagnahme durch den Richter gewährleisten. Das Beschlagnahmerecht der Gerichte ist dagegen auch der Presse gegenüber nicht eingeschränkt worden.

Daß diese Sondervorschriften nur dann gelten, wenn eine Druckschrift wegen ihres strafbaren geistigen Inhalts beschlagnahmt werden soll, und nicht etwa dann, wenn es sich um Beschlagnahme einer gestohlenen Buchauflage oder eines unerlaubten Nachdrucks handelt, ergibt sich inhaltlich aus dem Zweck der Vorschriften und äußerlich aus der Stellung der besonderen Beschlagnahmevorschriften in dem nur die Betätigung der Geistesfreiheit durch den Druck regelnden Preßgesetz[1]). Auch ist zu beachten, daß die Sondervorschriften des Preßgesetzes über die Beschlagnahme die allgemeinen Vorschriften der Strafprozeßordnung nicht ersetzen, sondern lediglich einengen und ergänzen. Soweit das Preßgesetz nichts Abweichendes bestimmt, müssen daher auch bei der Druckschriftenbeschlagnahme neben den besonderen Voraussetzungen des Preßgesetzes immer noch die allgemeinen Voraussetzungen der StPO., insbesondere also der vollständige äußere Tatbestand einer strafbaren Handlung[2]) und bei der Beschlagnahme ohne richterliche Anordnung auch Gefahr im Verzuge (§ 98 StPO.) gegeben sein. In den Fällen, wo das Delikt erst durch Kenntnisnahme Dritter vom Inhalt der Druckschrift zur Vollendung gelangt, kann also Beschlagnahme vorher auch dann nicht erfolgen, wenn die Druckschrift sich schon im verschlossenen Paket

---

[1]) Vgl. oben S. 1, 3, 12.

[2]) Ein strafloser Versuch genügt nicht!

auf dem Transport vom Täter zu einem Dritten befindet[1]). Strittig ist, ob die preßgesetzlichen Sondervorschriften auch für die Beschlagnahme von Einzelstücken einer Druckschrift als corpus delicti gelten[2]).

Die Fälle, in denen Staatsanwaltschaft und Polizei die Befugnis behalten, bei Gefahr im Verzuge ohne richterliche Anordnung zur selbständigen sogenannten vorläufigen Beschlagnahme zu schreiten, sind:

I. Vergehen gegen die preßpolizeilichen Vorschriften über die Pflicht zur Angabe des Ursprungs der Druckschrift und zur Nennung des verantwortlichen Redakteurs (§§ 6, 7 in Verbindung mit § 18 Abs. 1 Nr. 2 PreßG.).

II. Vergehen gegen ein auf Grund des § 14 PreßG. erlassenes Verbot der Verbreitung ausländischer Zeitungen oder Zeitschriften (§ 18 Abs. 1 Nr. 1 PreßG.).

III. Die Zuwiderhandlung gegen ein bei Krieg oder Kriegsgefahr gemäß § 10 des Gesetzes über den Verrat militärischer Geheimnisse vom 3. Juni 1914 (RGBl. S. 195) erlassenes Verbot zur Veröffentlichung von Nachrichten über Truppen- und Schiffsbewegungen oder Verteidigungsmittel.

IV. Die Aufforderung zum Hochverrat (§ 85 StGB.)

V. Die Verbreitung unzüchtiger Schriften (§ 184 StGB)[3]).

VI. Die Aufforderung zur Begehung einer strafbaren Handlung (§ 111 StGB.) und die in einer den öffentlichen Frieden gefährdenden Weise erfolgende Aufforderung zum gewaltsamen Klassenkampf (§ 130 StGB.), jedoch mit der Maß-

---

[1]) Herrschende Ansicht vgl. insbesondere RGSt. 30, 194 und RGSt. vom 21. November 1913, 2 D 552 1913; a. A. RGSt. 36, 145 (Näheres über diese Frage s. Häntzschel S. 211).

[2]) Dafür auf Grund der Entstehungsgeschichte des Gesetzes Häntzschel S. 205; dagegen Kitzinger 177, Loewe-R. 1156, Zitzlaff i. Goltd. Arch. Bd. 54, S. 42 ff, jedoch ohne nähere Begründung.

[3]) Nicht auch § 184a StGB.

gabe, daß in diesen beiden Fällen Beschlagnahme ohne richterliche Anordnung nur dann zulässig ist, wenn dringende Gefahr besteht, es werde bei Verspätung der Beschlagnahme die Aufforderung oder Anreizung ein Verbrechen oder Vergehen (nicht nur eine Übertretung!) unmittelbar zur Folge haben.

VII. Verbrechen oder Vergehen gegen die §§ 1 bis 8 des Gesetzes zum Schutze der Republik vom 21. 7. 1922, RGBl. S. 585 (§ 20 RepSchutzG.).

Die Beschränkung des Beschlagnahmerechts der nichtrichterlichen Behörden auf die genannten Verbrechen und Vergehen, die z. B. so wichtige Tatbestände wie Beleidigung (§ 185 ff StGB.), Vorbereitung eines Hochverrats durch Anfertigung aufrührerischer Schriften (§ 86 StGB.) und Gotteslästerung (§ 166 StGB.) nicht umfassen, bedeutet bereits eine weitgehende Sicherung der Preßfreiheit. Dazu kommen noch folgende besonderen Rechtsgarantien:

Im Falle der Beschlagnahme von Druckschriften durch die Polizei muß diese binnen längstens zwölf Stunden die Akten der Staatsanwaltschaft einreichen, die ihrerseits, sofern sie nicht die Beschlagnahme aufhebt, binnen weiteren zwölf Stunden die Akten dem Gericht mit dem Antrag auf gerichtliche Bestätigung der Beschlagnahme weiterzugeben hat. Ist die Beschlagnahme nicht von der Polizei, sondern von der Staatsanwaltschaft selbst verfügt worden, so muß diese binnen 24 Stunden nach Anordnung der Beschlagnahme gerichtliche Entscheidung beantragen. Das Gericht muß seinerseits die Entscheidung über Bestätigung oder Aufhebung der Beschlagnahme binnen 24 Stunden nach Empfang des Antrages treffen. Ist der bestätigende Gerichtsbeschluß der Behörde, welche die Beschlagnahme angeordnet hat, nicht spätestens bis zum Ablauf des fünften Tages nach Anordnung der Beschlagnahme zugegangen[1]), so erlischt die Beschlagnahme, und es muß die Freigabe der einzelnen Stücke der Druckschrift erfolgen (§ 24 PreßG.). Gegen den die vorläufige Beschlagnahme aufhebenden Beschluß des Gerichts ist kein Rechtsmittel zulässig (§ 25 PreßG.). Eine Ausnahme von dieser Vorschrift enthält allein § 20 RepSchutzGes. für die Fälle der Beschlagnahme

[1]) Nicht nur erlassen!

einer Druckschrift wegen Verstoßes gegen die §§ 1 bis 8 dieses Gesetzes. Die vom Gericht bestätigte vorläufige Beschlagnahme ist wieder aufzuheben, wenn nicht binnen zwei Wochen nach der Bestätigung die Eröffnung des Hauptverfahrens angeordnet worden ist (§ 26 PreßG.).

Neben diesen nur für die nichtrichterliche, von Polizei oder Staatsanwaltschaft angeordnete Beschlagnahme geltenden Vorschriften enthält das deutsche Reichspreßgesetz noch zwei Bestimmungen, die sowohl für die richterliche wie für die nichtrichterliche Beschlagnahme von Druckschriften gelten. So bestimmt § 27 PreßG. zur Vermeidung unnötiger Härten, daß bei Druckschriften im engeren Sinne[1]) auf Antrag der Beteiligten statt Beschlagnahme des Satzes das Ablegen des letzteren zu erfolgen habe sowie ferner, daß trennbare Teile der Druckschrift (Beilagen einer Zeitung usw.), welche nichts Strafbares enthalten, von der Beschlagnahme auszuschließen sind. Die gleiche Vorschrift beugt ferner einer den Zweck der Beschlagnahme überschreitenden Ausdehnung derselben vor, indem sie bestimmt, daß die Beschlagnahme von Druckschriften die Exemplare nur dort trifft, wo sie sich zum Zweck der Verbreitung befinden. Dies bedeutet in Verbindung mit der hier einschlägigen Vorschrift des § 41 StGB., daß Exemplare, die bereits in die Hände des Lesepublikums übergegangen sind, nur dann noch beschlagnahmt werden können, wenn sie nicht nur zum Privatgebrauch benutzt werden, sondern öffentlich ausgelegt oder öffentlich angeboten werden. Um die Rechte des von der Beschlagnahme Betroffenen zu sichern, bestimmt ebenfalls § 27 PreßG., daß die die Beschlagnahme veranlassenden Stellen der Druckschrift unter Anführung der verletzten Gesetze bei der Beschlagnahme zu bezeichnen sind. Hierdurch soll dem Betroffenen die Möglichkeit gegeben werden, durch Beschwerde die für die Beschlagnahme angeführten Gründe zu entkräften; gleichzeitig soll dadurch die Grundlage für die im Interesse der Staatsautorität und der praktischen Wirksamkeit der Beschlagnahme erlassene Sondervorschrift des § 28 PreßG. geschaffen werden, die während der Dauer der Beschlagnahme die Verbreitung der von derselben

---

[1]) Über den Begriff s. S. 4.

betroffenen Druckschrift sowie den Wiederabdruck der die Beschlagnahme veranlassenden Stellen verbietet und unter Strafe stellt.

D. Die übrigen Sondervorschriften über Bestrafung und Verfolgung der durch die Presse begangenen strafbaren Handlungen.

a) Keine Verwaltungsgerichtsbarkeit über die Presse.

Nach § 413 StPO. bleibt den Polizeibehörden im Rahmen der Landesgesetze das Recht vorbehalten, bei Übertretungen die in den Strafgesetzen festgesetzte Strafe selbständig zu verhängen (sog. polizeiliche Strafverfügungen oder Strafmandate). Um die Gefahren zu beseitigen, die der Presse daraus erwachsen könnten, daß die Polizeibehörden sich bei der Handhabung dieser Befugnis nicht nur von kriminellen, sondern auch von politischen und polizeilichen Gesichtspunkten leiten lassen, bestimmt § 29 PreßG., daß zur Aburteilung der durch die Presse begangenen strafbaren Handlungen ausschließlich die Gerichte zuständig sind.

b) Aburteilung der Preßdelikte durch Schwurgerichte.

Aus der Befürchtung heraus, daß die beamteten Richter sich bei der Aburteilung der Preßdelikte allzusehr von staatlichen Rücksichten leiten lassen könnten, und daß dies zu einer Justiz führen könnte, die dem Volksempfinden nicht gerecht wird oder doch jedenfalls von weiten Kreisen der Bevölkerung mit Mißtrauen betrachtet wird, hatten eine Reihe von deutschen Einzelstaaten in der Mitte des vorigen Jahrhunderts die Einrichtung getroffen, alle wichtigen Preßstrafsachen vor die Schwurgerichte zu bringen. Dieser Rechtszustand wird durch § 6 des Einführungsgesetzes zum Gerichtsverfassungsgesetz insoweit aufrechterhalten, als den Ländern das Recht belassen worden ist, die schwurgerichtliche Zuständigkeit in dem gleichen Umfange aufrecht zu erhalten, in welchem sie bei Inkrafttreten des Reichspreßgesetzes (1874) vorhanden war. Die Länder, in denen heute noch solche Vorschriften gelten, sind Bayern[1]), Württemberg[2]), Baden[3]) und Oldenburg[4]). Nachdem die Schwurgerichte in Deutschland abgeschafft und durch sogenannte große Schöffengerichte ersetzt worden sind, ist in dem gleichen Umfange, in dem bisher die schwurgerichtliche Zuständigkeit begründet war, jetzt die Zuständigkeit der großen Schöffengerichte gegeben.

c) Beseitigung des fliegenden Gerichtsstandes der Presse.

Nach § 7 Abs. 1 StPO. ist zur Aburteilung einer strafbaren Handlung das Gericht örtlich zuständig, in dessen Bezirk sie begangen worden ist. Da Preßdelikte überall dort als begangen anzusehen sind, wo infolge Verbreitung auch nur eines Stückes der Druckschrift die Straftat zur Vollendung gelangt, so ergab dies die Möglichkeit, alle an einem Preßdelikt Beteiligten einschließlich des verantwortlichen Redakteurs überall dort zur Verantwortung zu ziehen, wohin zufällig ein Stück der Druckschrift im Wege der Verbreitung gelangt war. Dieser sogenannte „fliegende Gerichtsstand der Presse" erwies sich nicht nur als eine starke Belästigung, sondern auch als eine Gefahr für die Presse. Denn die Staatsanwaltschaften benutzten die Auswahlmöglichkeiten unter so vielen zuständigen Gerichten vielfach dazu, um die Sache vor dem Gericht anhängig zu machen, dessen Praxis am sichersten eine Verurteilung erwarten ließ. Durch das Reichsgesetz vom 13. 6. 1902 (RGBl. S. 127) wurde daher dem § 7 StPO. ein zweiter Absatz hinzugefügt, wonach zur Aburteilung von Preßdelikten von mehreren an sich zuständigen Gerichten ausschließlich das Gericht des Erscheinungsorts zuständig sein soll. Nur in den Fällen der im Wege der Privat-

---

[1]) Art. 35 Ges. vom 23. Februar 1879 (GVBl. 273) in der Fassung vom 5. Mai 1923 (GVBl. S. 169); vgl. dazu RGSt. Bd. 33, 326; 35, 375, 49, 140.

[2]) Art. 12 Ges. vom 24. Januar 1879 (RGBl. 3) in der Fassung des § 8 Nr. 2 der VO. des Staatsministeriums v. 19. März 1924 (RGBl. 135), vgl. hierzu RGSt. 18, 293.

[3]) § 6 des Gesetzes vom 3. März 1879 (GVBl. 91) in der Fassung vom 10. September 1924 (GVBl. 257); vgl. hierzu RGSt. 27, 311.

[4]) Art. 29 des Gesetzes vom 10. April 1879 (GBl. 33), vgl. hierzu RGSt. 45, 417.

klage verfolgten Beleidigung ist daneben auch noch das Gericht des Wohnsitzes oder gewöhnlichen Aufenthalts des Beleidigten zuständig, sofern die Druckschrift auch in diesem Gerichtsbezirk verbreitet worden ist. Der Grund für diese Ausnahmevorschrift ist der, daß der Beleidigte ein Interesse daran haben kann, sich durch eine Hauptverhandlung an Ort und Stelle in einer allen ansässigen Lesern zur Kenntnis kommenden Weise von den gegebenen Vorwürfen zu reinigen.

d) Unbrauchbarmachung von Druckschriften strafbaren Inhalts.

Eine Sondervorschrift über die Unbrauchbarmachung von Schriften, Abbildungen und Darstellungen strafbaren Inhalts[1]) enthält § 41 StGB. Obwohl diese Vorschrift nicht rein preßrechtlichen Charakter trägt, sondern sich auch auf andere Schriften als Druckschriften bezieht, muß sie gleichwohl als eine zum mindesten teilweise preßrechtliche Sondervorschrift angesehen werden. Hierfür spricht auch die in ihr enthaltene Bestimmung über die Unbrauchbarmachung der zur technischen Vervielfältigung der Schrift bestimmten Platten und Formen. Die Besonderheit der Vorschrift besteht darin, daß sie zum Unterschied vom sonstigen Einziehungsrecht[2]) nicht nur die den Tätern oder Teilnehmern gehörigen „instrumenta et producta sceleris", sondern die gesamte Auflage der Druckschrift ohne Rücksicht auf die Eigentums- oder Besitzverhältnisse der Unbrauchbarmachung unterwirft, m. a. W., daß die Unbrauchbarmachung der Druckschrift nicht als Nebenstrafe für die Täter oder Teilnehmer, sondern als polizeiliche Sicherungsmaßregel zur Vorbeugung weiterer Delikte angeordnet wird. Die Anordnung der Unbrauchbarmachung wird in Übereinstimmung mit § 1 PreßG., der den Polizeibehörden ein solches Einschreiten gegen die Presse verbietet, in die Hände der ordentlichen Gerichte gelegt. Voraussetzung ist das Vorliegen des vollständigen äußeren Tatbestandes einer strafbaren Handlung. Abgesehen von den seltenen Ausnahmefällen, in denen schon die bloße Herstellung einer Druckschrift strafbaren Inhalts eine

[1]) Für den Begriff der Druckschrift strafbaren Inhalts vgl. das S. 51 über das Preßdelikt Gesagte.

[2]) Vgl. § 40 StGB.

strafbare Handlung darstellt[1]), muß also mit der Verbreitung der Druckschrift schon begonnen sein. Ist diese Voraussetzung gegeben, so kann das Gericht nach § 42 StGB. im sogenannten objektiven Verfahren die Unbrauchbarmachung auch dann anordnen, wenn die Verfolgung oder Verurteilung einer bestimmten Person nicht durchführbar sein sollte. Das bei der Anordnung von Unbrauchbarmachung und Einziehung zu beobachtende Verfahren ist in den §§ 430 ff der Strafprozeßordnung geregelt[2]).

e) Kein Zeugniszwang zur Ermittlung des anonymen Verfassers.

Vgl. hierzu Kap. II. G. (Die periodische Presse als Hüterin öffentlicher Interessen[3]).

VII. Kapitel.

Das Preßgewerberecht.[4])

Die Sondervorschriften über Herstellung und Vertrieb von Druckschriften bezeichnet man als Preßgewerberecht. Nach § 4 Abs. 1 PreßG. kann niemandem das Recht zum selbständigen Betrieb eines Preßgewerbes sowie zur Herausgabe und zum Vertrieb von Druckschriften entzogen werden. Diese nur die Zulassung zum Gewerbebetrieb betreffende Vorschrift hat ihre praktische Bedeutung jedoch dadurch verloren, daß die Gewerbeordnung die gleiche Freiheit grundsätzlich für alle Gewerbe eingeführt hat und daß in dem einzigen Falle, wo die Entziehung der Gewerbebefugnis zulässig ist, die Presse von dieser Entziehungsmöglichkeit nicht ausgenommen geblieben ist[5]). Für den Betrieb des Preßgewerbes d. h. für die Art und Weise der Ausübung, gelten nach § 4 Abs. 2 PreßG., soweit nichts anderes bestimmt ist, die allgemeinen Vorschriften der Gewerbeordnung. Eine Sonderbestimmung enthält § 30 Abs. 4 PreßG. hinsichtlich der Besteuerung des Preßgewerbes. Er bestimmt, daß vorbehaltlich der

[1]) Vgl. S. 55 Anm. 2.

[2]) Wortlaut S. 96/97.

[3]) S. 26.

[4]) Der Wortlaut der nachstehend aufgeführten preßgewerblichen Vorschriften befindet sich Anhang S. 97/99.

[5]) Vgl. den die Entziehung des Wandergewerbescheins gestattenden, im Jahre 1883 neu eingeführten § 58 GewO.

allgemeinen Gewerbesteuer eine Sonderbesteuerung der Presse und der einzelnen Preßerzeugnisse (Zeitungs- und Kalenderstempel, Abgabe von Inseraten usw.) nicht stattfindet. Die Vorschrift bindet allerdings, wie alle Vorschriften des Preßgesetzes, nur die L a n d e sgesetzgebung, während die R e i c h sgesetzgebung jederzeit in der Lage bleibt, solche Sonderbesteuerungen wieder einzuführen[1]). Auch gilt das Verbot der Sonderbesteuerung nicht für das der landesgesetzlichen Regelung überlassene Plakat- und Flugschriftenwesen[2]). Im Einzelnen gelten für das Preßgewerbe nachstehende Vorschriften:

A) S t e h e n d e s G e w e r b e.

Die gewerbliche Herstellung und der Vertrieb von Preßerzeugnissen unterliegen, wenn sie als s t e h e n d e s Gewerbe, d. h. weder im Umherziehen von Ort zu Ort (Wandergewerbe), noch im Markthandel (wohl aber als Hausier- oder Straßenhandel am Wohnort des Gewerbetreibenden) betrieben werden, der polizeilichen M e l d e p f l i c h t des § 14 Abs. 2 GewO. Es ist nicht nur der Beginn des Gewerbebetriebes, sondern auch das Betriebslokal und jeder Wechsel desselben der Polizei zu melden. Zur g e w e r b s m ä ß i g e n V e r t e i l u n g v o n D r u c k s c h r i f t e n a n ö f f e n t l i c h e n O r t e n, einschließlich des gewerbsmäßigen öffentlichen Anschlags, jedoch nicht zur Verteilung von Stimmzetteln und Wahldruckschriften, ist ein auf den Namen lautender polizeilicher L e g i t i m a t i o n s s c h e i n erforderlich (§ 43 GewO.). Dieser darf jedoch nur aus bestimmten, in der Person des Antragsstellers liegenden Gründen versagt werden, die gesetzlich so festgelegt sind, daß jede Willkür insbesondere politischer Art ausgeschlossen ist. Gegen die Versagung des Legitimationsscheins kann gerichtliche Entscheidung angerufen werden. Innerhalb seiner Geltungsdauer (gewöhnlich ein Jahr) kann der Legitimationsschein nicht zurückgenommen werden. Ausgeschlossen vom Feilbieten[3]) an

[1]) Vgl. S. 22.

[2]) In einzelnen Ländern, z. B. Sachsen, werden deshalb vielfach kommunale Plakatsteuern erhoben.

[3]) Nicht dagegen vom bloßen Feil h a l t e n. Der Unterschied zwischen Feil b i e t e n und Feil h a l t e n besteht darin, daß das Feilbieten nicht nur ein bloßes Bereitstellen zum Verkauf, sondern darüber hinaus auch eine zum Kauf einladende Werbehandlung erfordert (vgl. hierüber das Gutachten des Preußischen Kammergerichts in Ministerialblatt für die preußische innere Verwaltung 1927 S. 620).

öffentlichen Orten außerhalb fester Verkaufsstellen, vom Feilbieten von Haus zu Haus und vom Aufsuchen von Bestellungen sind die vom Wandergewerbe ausgeschlossenen Druckschriften (§§ 42a, 44 Abs. 4 GewO.[1]). Zuwiderhandlungen werden nach § 148 GewO. bestraft. Eine Sondervorschrift zugunsten der Presse enthält § 42 b Abs. 3 GewO., der bestimmt, daß der Hausierhandel mit Druckschriften (abweichend vom Hausierhandel mit anderen Waren) nicht konzessionspflichtig gemacht werden darf.

B. Gewerbebetrieb im Umherziehen (Wandergewerbe).

Wer außerhalb des Gemeindebezirks seines Wohnortes oder der ihr behördlich gleichgestellten nächsten Umgebung ohne Begründung einer gewerblichen Niederlassung und ohne vorherige Bestellung in eigener Person Druckschriften feilbieten oder Bestellungen darauf aufsuchen will (Wandergewerbe), bedarf eines Wandergewerbescheins (§ 55 GewO.). Verboten ist das Wandergewerbe mit Schriften und Bildern, die in sittlicher oder religiöser Beziehung Ärgernis zu geben geeignet sind (auch wenn sie nicht gerade unsittlich oder gotteslästerlich im Sinne der Strafgesetze sind); ferner der Wandergewerbehandel mittels Zusicherung von Prämien oder Gewinnen; schließlich der mit Lieferungswerken, wenn nicht der Gesamtpreis des Werkes auf jeder einzelnen Lieferung an einer in die Augen fallenden Stelle bestimmt verzeichnet ist (§ 56 Abs. 3 GewO.). Zuwiderhandlungen werden nach § 148 Ziffer 7a GewO. bestraft. Der Wandergewerbeschein darf nur aus bestimmten, gesetzlich festgelegten Gründen versagt oder wieder entzogen werden (§§ 57 ff. GewO.). Er gilt für das Kalenderjahr und zwar für das ganze Reichsgebiet (§ 60 GewO.). Im übrigen gilt auch hier das oben (a) über den Legitimationsschein gesagt[2][3]).

---

[1]) s. u. B).

[2]) Über die Möglichkeit der Beschränkung des Druckschriftengewerbes durch verkehrspolizeiliche Anordnungen sowie durch solche im Rahmen der allgemeinen Vorschriften über die Sonntagsruhe s. o. S. 4, 12.

[3]) Über das Recht der Ortspolizeibehörde, die nichtgewerbsmäßige öffentliche Verbreitung von Druckschriften solchen Personen zu verbieten, welchen ein Legitimationsschein versagt werden darf, vgl. S. 18.

C. Die Pflicht der Post zu Beförderung und Vertrieb politischer Zeitungen.

Der moderne Zeitungsvertrieb ist nicht denkbar ohne moderne Beförderungsmittel. In Deutschland ist das Recht zur Beförderung von Briefen und anderen Postsachen einschließlich der politischen Zeitungen schon seit dem Mittelalter ein Regal des Staates. Auch das RPostG. vom 28. Oktober 1871 (RGBl. 347)[1]) gewährt der deutschen Reichspost insofern ein Beförderungsmonopol für politische Zeitungen, als es in § 1 bestimmt, daß öfter als einmal wöchentlich erscheinende politische Zeitungen außerhalb ihres Ursprungsortes und eines Umkreises von 15 km nur durch die Post befördert werden dürfen (sogen. Postzwang). Bevor die Post Reichsangelegenheit war, wurde diese staatliche Monopolstellung von den Postverwaltungen der deutschen Einzelstaaten oft dazu benutzt, um politisch mißliebige Zeitungen von der Beförderung und ebenso vom Vertrieb durch die Post (Postabonnement) auszuschließen (sogen. Entziehung des Postdebits). Da auf diese Weise praktisch die ganze Preßfreiheit zu nichte gemacht werden kann, so bestimmt § 3 RPostG. ausdrücklich, daß jede im Gebiet des deutschen Reiches erscheinende politische Zeitung sowohl zur Beförderung wie zum Vertrieb durch die Post zugelassen werden muß. Förmliche Rechtsmittel gegen eine Verletzung dieser Vorschrift sind eigenartigerweise nicht gegeben. Doch ist in den langen Jahren ihres Bestehens kein Fall bekannt geworden, in welchem die Reichspost diese Bestimmungen verletzt hätte.

Nicht zu verwechseln mit der durch das RPostG. verbotenen Entziehung des Postdebits, die einen Akt der Postverwaltung darstellt, ist das auf Grund besonderer gesetzlicher Vollmacht erfolgende Verbot der ferneren Verbreitung einer Zeitung durch die politischen Behörden, wie es beispielsweise auf Grund von § 14 PreßG. für die ausländische und auf Grund von §§ 20 ff. RepSchutzG. auch für die deutsche Presse zulässig ist[2]). Wenn die politischen Behörden auf Grund dieser Vorschriften Preßorgane verbieten, so bindet dies Verbot selbst-

---

[1]) Wortlaut Anhang S. 99.

[2]) Vgl. S. 18/19.

verständlich auch die Post, die solche Zeitungen und Zeitschriften während der Dauer des Verbotes weder befördern noch an Postabonnenten vertreiben darf[1]).

VIII. Kapitel.

Das Recht der Journalisten.

I. Der Begriff Journalist umfaßt verschiedene Berufskategorien:

a) Den Redakteur oder Schriftleiter (Chefredakteur oder Hauptschriftleiter, Ressortleiter, Vollredakteur, Hilfsredakteur, Zeichner und Illustrator), der seine Tätigkeit als Leiter der Zeitung oder Zeitschrift oder eines Teiles oder als Gehilfe des Leiters nach bestimmten Vereinbarungen mit dem Verlag bzw. dem Nachrichten- oder Korrespondenzbüro, bei dem er fest angestellt ist, ausübt,

b) Den festangestellten journalistischen Mitarbeiter, der im Hauptberuf mit der Verpflichtung zu voller Arbeitsleistung ausschließlich für einen Verlag tätig ist,

c) Den für ein oder auch für mehrere Blätter nicht am Verlagsort tätigen Korrespondenten oder Redaktionsvertreter,

d) Den freien, zumeist für Zeilen- oder Artikelhonorar tätigen Mitarbeiter, der in der Regel für eine Reihe von Blättern arbeitet,

e) Den Redaktionsarchivar und Bibliothekar.

Die zu a) und b) genannten Journalisten sind im arbeitsrechtlichen Sinne Redakteure oder Schriftleiter. Preßrechtlich ist der Redakteurbegriff ein engerer und umfaßt im Gegensatz zu den Hilfsredakteuren und journalistischen Mitarbeitern nur die eigentlichen Schriftleiter, welchen die „Leitung" des Blattes oder eines Teiles desselben zusteht (vgl. Begründung des Preßgesetzes in sten. Berichte des Reichstages 1874 Band 33 S. 140), d. h. diejenigen mit der Sammlung, Sichtung, Bearbeitung oder

[1]) Weitere Sonderbestimmungen über den Zeitungsvertrieb durch die Post enthält die Postordnung vom 22. Dezember 1921 (RGBl. 1609), insbesondere der § 28 PO.; doch sind diese Bestimmungen nicht preßrechtlicher, sondern rein postalischer Natur.

Druckfertigmachung des Zeitungsstoffes betrauten Personen, welchen ein, wenn auch nur beschränktes, Entscheidungsrecht über die Auswahl des abzudruckenden Stoffes zusteht. (Hauptschriftleiter, Alleinschriftleiter, Ressortleiter, verantwortlicher Redakteur.)

II. Für das arbeitsrechtliche Verhältnis des Journalisten gelten die allgemeinen Vorschriften des bürgerlichen Gesetzbuches; für die festangestellten Redakteure, Mitarbeiter, Korrespondenten, Redaktionsvertreter, Redaktionsarchivare und Bibliothekare insbesondere die Vorschriften der §§ 611 ff über den Dienstvertrag. Sie werden regelmäßig als zur Leistung von Diensten höherer Art angestellt zu betrachten sein und können demgemäß, falls nichts abweichendes vereinbart ist, nur mit sechswöchiger Kündigungsfrist zum Schluß eines Kalendervierteljahres gekündigt werden (§ 622 BGB.). Für die freien Mitarbeiter (s. o. I. d) gelten die Vorschriften des Gesetzes über das Verlagsrecht vom 19. Juni 1901 (RGBl. 217), insbesondere die Vorschriften der §§ 22, 23, 41—46. Hiernach gilt mangels besonderer Abmachungen eine angemessene Vergütung als stillschweigend vereinbart, wenn die Überlassung des zur Veröffentlichung angenommenen Beitrages den Umständen nach nur gegen eine solche zu erwarten war (§ 22). Die Vergütung ist bei der Ablieferung des Beitrages zu entrichten. Ist sie der Höhe nach unbestimmt oder hängt sie von dem Umfang der Vervielfältigung ab, so wird die Vergütung fällig, sobald der Beitrag vervielfältigt ist (§ 23). Sofern nicht aus den Umständen zu entnehmen ist, daß der Verleger das ausschließliche Recht zur Vervielfältigung oder zur Verbreitung erhalten soll, verbleibt dem Verfasser die anderweitige Verfügung über den Beitrag. Über einen Beitrag, für welchen der Verleger das ausschließliche Verbreitungsrecht erhalten hat, darf der Verfasser, wenn er für eine Zeitung geliefert ist, alsbald nach dem Erscheinen, wenn er für eine Zeitschrift oder ein periodisches Sammelwerk geliefert ist, ein Jahr nach Ablauf des Kalenderjahres, in welchem der Beitrag erschienen ist, anderweitig verfügen (§ 42). Bei anonymen Beiträgen ist der Verleger befugt, an der Fassung (nicht am Sinn) solche Änderungen vorzunehmen, welche bei Sammelwerken derselben Art üblich sind (§ 44). Wird der (angenommene) Beitrag nicht innerhalb eines Jahres nach der Ablieferung an den Verleger veröffentlicht, so kann der Verfasser das Vertragsverhältnis kündigen, doch bleibt der Anspruch auf Vergütung bestehen. Ein Anspruch auf Veröffentlichung oder Schadenersatz steht dem Verfasser nur zu, wenn ihm der Zeitpunkt, in welchem der Beitrag erscheinen soll, vom Verleger bezeichnet worden ist (§ 45).

III. Das arbeitsrechtliche Verhältnis der Schriftleiter (im weiteren Sinne s. o. I. a, b) deutscher Tageszeitungen bestimmt sich nach einem zwischen dem Arbeitgeberverband für das Deutsche Zeitungsgewerbe e. V. und dem Reichsverband der deutschen Presse e. V. am 9. Januar 1926 abgeschlossenen besonderen Tarifvertrag, der bis zum 31. Dezember 1935 unkündbar ist. Dieser Tarifvertrag nebst dem Bestandteil desselben bildenden Normalarbeitsvertrag ist seitens des Reichsarbeitsministeriums auf Grund des § 2 der VO. vom 23. XII. 1918 in der Fassung des Gesetzes vom 23. I. 1923 (RGBl. S 67) mit Wirkung vom 1. VI. 1926 ab für allgemein verbindlich erklärt worden, so daß er für alle zwischen Verlegern deutscher Tageszeitungen und Redakteuren (einschließlich der festangestellten journalistischen Mitarbeiter) abgeschlossenen Dienstverträge — auch wenn es sich nicht um Mitglieder der vertragschließenden Organisationen handelt — ohne weiteres geltendes Recht darstellt, das durch Verträge nicht geändert werden kann. Die wesentlichsten Vorschriften dieses Tarifvertrages und des Bestandteil desselben bildenden Normaldienstvertrages sind folgende:

1. Die Zusammenarbeit von Verleger und Redakteur ist bedingt durch die Pflicht zur Wahrnehmung öffentlicher Interessen durch die Zeitung. Es darf daher vom Verleger auf den Redakteur kein Gewissenszwang ausgeübt werden.

Dem Redakteur wird im Rahmen der mit dem Verleger vereinbarten politischen oder wirtschaftlichen oder kulturellen Richtlinien für die Redaktionsführung die geistige Bewegungsfreiheit auch bei der Gestaltung des Textteiles im einzelnen gewährleistet.

Der Redakteur ist verpflichtet, das Gesamtinteresse und die Überlieferung der Zeitung im Auge zu halten. Die vertrauensvolle Zusammenarbeit von Verleger und Redakteur bedingt rechtzeitige gegenseitige Fühlungnahme, insbesondere in allen Zweifelsfällen. Über die Form dieser Fühlungnahme sind vertragliche Abmachungen zulässig.

2. Der Dienstvertrag muß u. a. die grundsätzliche Einstellung des Verlegers oder die Richtung der Zeitung oder die hierüber zwischen den Vertragschließenden erfolgte Vereinbarung enthalten und bedarf der Schriftform.

3. Die Kündigungsfrist muß für beide Teile gleich sein. Sie beträgt sechs Wochen zum Ende eines jeden Vierteljahres. Nach Ablauf von drei Verlagsdienstjahren beträgt die Kündigungsfrist drei Monate, nach Ablauf von zehn Verlagsdienstjahren sechs Monate zum Ende des Quartals.

4. Der Redakteur ist verpflichtet, sich durch die Versicherungsanstalt der Reichsarbeitsgemeinschaft der deutschen Presse bei deren Vertragsversicherungsgesellschaften zu den durch die Organisation vereinbarten Versicherungsbedingungen versichern zu lassen (Pensions-, Lebens- und Unfallversicherung).

5. Der Verleger ist zur fristlosen Entlassung nicht berechtigt, wenn gegen den Redakteur trotz ordnungsmäßiger Ausübung seiner vertraglichen Verpflichtungen wegen eines Preßdeliktes ein Strafverfahren eröffnet oder eine Strafe ausgesprochen wird.

6. Im Falle der Veräußerung des Verlagsunternehmens haben der Verleger und der neue Erwerber rechtzeitig die Erklärung abzugeben, ob der neue Erwerber die Verträge aller oder einzelner Redakteure übernimmt. Übernimmt er sie nicht, so ist der betroffene Redakteur zum sofortigen Austritt berechtigt und verpflichtet, hat aber Anspruch auf sofortige Auszahlung des ihm noch bis zum Ablauf der gesetzlichen oder vertraglichen Kündigungsfrist bzw. bis zum Ablauf des Vertrages zustehenden Gehalts.

7. Will im Falle der Veräußerung eines Verlagsunternehmens ein Redakteur die Übertragung seiner Dienste auf den Erwerber ablehnen, so muß er binnen vier Wochen nach Übernahme eine entsprechende Erklärung abgeben. In diesem Falle ist er berechtigt, seine Dienste sofort einzustellen, behält aber den Anspruch auf Gehalt bis zum Ablauf der ersten gesetzlichen oder vertraglichen Kündigungsfrist.

8. Ändert der Verleger die grundsätzliche Einstellung oder die Richtung seiner Zeitung grundlegend oder werden die hierüber zwischen den Ver-

tragschließenden getroffenen Vereinbarungen von ihm nicht eingehalten, so ist der Redakteur, dem unter den veränderten Verhältnissen die Fortsetzung seiner Tätigkeit billigerweise nicht zugemutet werden kann, berechtigt, seine Tätigkeit binnen einem Monat nach Kenntnis dieser Änderung aufzugeben. Er behält aber den Anspruch auf Weiterzahlung seiner vertraglichen Bezüge bis zum Ablauf der nächsten Kündigungsfrist. Nach mindestens fünfjähriger ununterbrochener Verlagszugehörigkeit hat er darüber hinaus Anspruch auf ein halbes Jahresgehalt, nach mindesten zehnjähriger ununterbrochener Verlagszugehörigkeit auf ein volles Jahresgehalt.

Der Verleger ist zur fristlosen Entlassung berechtigt, falls der Redakteur sich in einer anderen als der vom Verlag festgelegten grundsätzlichen Einstellung des Verlegers oder der Richtung der Zeitung betätigt oder die zwischen den Vertragschließenden getroffenen Vereinbarungen verletzt oder trotz wiederholter Abmahnung eine Verletzung der vorbezeichneten Art versucht.

9. Für alle Streitigkeiten über Ansprüche aus dem Dienstverhältnis ist unter Ausschluß des Rechtsweges das paritätische Schiedsgericht der Reichsarbeitsgemeinschaft der Deutschen Presse[1]) zuständig. Diese Vorschrift ist jedoch nicht für allgemeinverbindlich erklärt worden, so daß sie nur für die Mitglieder der vertragschließenden Organisationen (s. o.) gilt.

Vor Abschluß dieses Tarifvertrages bestand der Plan, die Rechtsverhältnisse der deutschen Journalisten durch ein Sondergesetz — ein sog. Journalistengesetz — zu regeln. Dieser Plan ist zurückgestellt worden, nachdem durch Abschluß und Allgemeinverbindlichkeitserklärung des Tarifvertrages eine, wenn auch zunächst nur für zehn Jahre geltende, gesetzesähnliche Regelung erzielt worden ist. Man will zunächst die Erfahrungen abwarten, die mit dieser tariflichen Regelung gemacht werden.

IV. Für die verantwortlichen Redakteure im Sinne des § 7 des Reichsgesetzes über die Presse vom 7. Mai 1874 gelten die besonderen öffentlich-rechtlichen Vorschriften

---

[1]) Das ist der Zusammenschluß des Vereins Deutscher Zeitungsverleger und des Reichsverbandes der Deutschen Presse zur Vertretung und Regelung gemeinsamer Berufs- und Standesfragen.

des Preßgesetzes[1]), nach denen der verantwortliche Redakteur das Recht und die Pflicht hat, Veröffentlichungen strafbaren Inhalts nach eigener Entschließung zu verhindern und außerdem zur Aufnahme von Berichtigungen und amtlichen Bekanntmachungen selbständig verpflichtet ist. Diese Rechte und Pflichten des verantwortlichen Redakteurs genießen als solche öffentlich-rechtlicher Natur vor den Bestimmungen des bürgerlichen Rechts über den Dienstvertrag den Vorrang und können durch keine Vereinbarung wirksam aufgehoben oder beschränkt werden (§ 134 BGB.).

V. Im Reichswirtschaftsrat, einer berufsständischen Körperschaft, die vor allem zur Begutachtung von sozialen und wirtschaftspolitischen Gesetzentwürfen berufen ist, ist die Presse zur Zeit durch einen Abgeordneten, und zwar einen Journalisten, vertreten. Der zur Zeit den gesetzgebenden Körperschaften vorliegende Gesetzentwurf über den endgültigen Reichswirtschaftsrat sieht zwei Vertreter der Presse vor, von denen einer vom Verein Deutscher Zeitungsverleger und einer vom Reichsverband der Deutschen Presse (Journalist) zu benennen ist.

Im übrigen bestehen noch folgende preßrechtlichen Sondervorschriften für Redakteure: § 53 Nr. 4 der Strafprozeßordnung über die Beschränkung der gerichtlichen Zeugnispflicht des Redakteurs bezüglich der Person des Verfassers oder Einsenders einer Veröffentlichung strafbaren Inhalts[2]) und die Vorschrift des § 13 Abs. 2 des Gesetzes gegen den unlauteren Wettbewerb über die Beschränkung der Schadenshaftung des Redakteurs für durch falsche Angaben in periodischen Druckschriften begangenen unlauteren Wettbewerb[3]).

VI. Der ausländische Korrespondent.

Sondervorschriften über die Rechtsstellung der in Deutschland tätigen Korrespondenten ausländischer Blätter und Nachrichtenagenturen bestehen nicht. Da die Preßfreiheit des § 1 PreßG. nicht auf Deutsche beschränkt ist, so stehen auch die ausländischen Korrespondenten in vollem Umfange unter ihrem Schutz. Es sind also gegen ausländische Korrespondenten be-

1) Näheres S. 35 ff.
2) Vgl. S. 26.
3) Vgl. S. 21.

hördliche Zwangsmaßnahmen der Regierungs- oder Verwaltungsbehörden unzulässig, durch welche ein Druck auf die Schreibweise ihrer Blätter ausgeübt oder durch welche sie selbst unmittelbar von einer Veröffentlichung oder Nachrichtenübermittlung abgehalten werden sollen. Doch steht die Preßfreiheit einer aus rein persönlichen Gründen (z. B. wegen Paßvergehens) erfolgenden Ausweisung aus dem Reichs- oder Staatsgebiet nicht entgegen. Auch die übrigen durch das Preßgesetz gewährten Rechte, z. B. die Befugnis, die Aufnahme einer Berichtigung zu fordern und im Weigerungsfalle Strafantrag zu stellen, stehen ausländischen Korrespondenten im gleichen Umfange zu wie Inländern.

IX. Kapitel.

Der Rechtsschutz des Pressenachrichtenwesens.

Gleichzeitig mit dem Ausbau und der wachsenden Bedeutung des Pressenachrichtenwesens ist das Bedürfnis nach Schutz der Nachricht vor unbefugter Verwertung gestiegen. Soweit Nachrichten vor ihrer Veröffentlichung in der Weise entwendet werden, daß die in der Druckerei hergestellten Bürstenabzüge gestohlen bzw. unterschlagen werden, um sie einer anderen Zeitung oder Nachrichtenagentur zuzuleiten, bieten die Strafvorschriften der §§ 242, 246 des Strafgesetzbuches einen gewissen Schutz. Werden die bei einer Zeitung oder Nachrichtenagentur vorliegenden Nachrichten vor ihrer Veröffentlichung von ungetreuen Angestellten einem Konkurrenzunternehmen mitgeteilt, so können die Strafvorschriften gegen den Verrat von Geschäftsgeheimnissen der §§ 17 bis 20 des Gesetzes gegen den unlauteren Wettbewerb vom 7. Juni 1909 Platz greifen. Die unbefugte Weitergabe von Funknachrichten, die während der Übermittelung durch einen der für die Öffentlichkeit nicht bestimmten Funksonderdienste abgefangen worden sind, ist durch die §§ 11, 18 des Gesetzes über Fernmeldeanlagen vom 14. I. 1928 (RGBl. I S. 8) als Verletzung des Telegraphengeheimnisses unter Strafe gestellt. Dagegen ist urheberrechtlich die Verwertung von Pressenachrichten einschließlich der für jedermann bestimmten Funknachrichten (Unterhaltungsrundfunk- und c. q.-Nachrichten) frei. Soweit es sich um vermischte Nachrichten tatsächlichen

Inhalts und Tagesneuigkeiten, die in Zeitungen und Zeitschriften erschienen sind, handelt, wird dieser Ausschluß vom Urheberschutz durch § 18 Abs. 3 des Gesetzes betr. das Urheberrecht an Werken der Literatur und Tonkunst vom 19. VI. 1901 in der Fassung des Gesetzes vom 22. V. 1910 ausdrücklich ausgesprochen. Es fehlt hier mangels eines „Schriftwerks", d. h. eines schöpferischen Geisteswerks, die notwendige Voraussetzung für den Urheberschutz. Nur insoweit, als der Nachdruck bereits veröffentlichter Nachrichten sich zu einer gegen die guten Sitten verstoßenden Art des geschäftlichen Wettbewerbs auswächst, ist gemäß § 1 des Gesetzes gegen den unlauteren Wettbewerb Klage auf Unterlassung und Schadenersatz gegeben. Eine solche Sittenwidrigkeit kann aber erst dann angenommen werden, wenn eine Zeitung sich in geradezu schmarotzerhafter Weise durch fortgesetzten Nachdruck fremder Nachrichten zum Zweck der Ersparnis eigener Aufwendungen für Nachrichtenbeschaffung ihrer Konkurrenz gegenüber in unlauterer Weise in Vorteil zu bringen sucht.

Praktisch hat sich der bestehende Rechtsschutz als ungenügend erwiesen. Auch soweit die Gesetze die unbefugte Verwertung von Pressenachrichten durch Dritte unter Strafe stellen oder das Rechtsmittel der Unterlassungs- und Schadensersatzklage gewähren, scheitert die Verwirklichung dieses Rechtsschutzes an den durch die besonderen Verhältnisse der Presse bedingten Schwierigkeiten, denen die bestehende, auf die Presse nicht zugeschnittene Gesetzgebung nicht Rechnung trägt. Diese Schwierigkeiten bestehen insbesondere darin, daß bei der Unmöglichkeit der Überwachung aller Funkempfangsanlagen und angesichts der Möglichkeit der beliebigen Umformung des Textes einer Nachricht dem Nachweis von Täterschaft und Verschulden meist unüberwindliche Hindernisse entgegenstehen. Auch scheitert die Durchführung der Unterlassungs- und Schadensersatzklage des § 1 des Gesetzes gegen den unlauteren Wettbewerb regelmäßig daran, daß sich auch bei fortgesetztem und systematischem Plagiat der Nachweis des Nachdrucks nur in einzelnen Ausnahmefällen führen läßt, was zum Beweise eines sittenwidrigen und deshalb unlauteren Wettbewerbs regelmäßig nicht genügt.

Seitdem die Nachrichten der großen internationalen Nachrichtenagenturen mehrmals täglich auf drahtlosem Wege in offener Sprache durch sog. Funksonderdienst zum Austausch gelangen, hat der Nachrichtendiebstahl in fast allen Ländern einen bisher nicht geahnten Umfang angenommen. Auf Betreiben der Telegraphenagenturen hat sich deshalb in den letzten Jahren auch der Völkerbund mit dieser Angelegenheit befaßt und sie auf die Tagesordnung einer von ihm einberufenen Konferenz von Sachverständigen gesetzt, die am 24. VIII. 1927 in Genf zusammengetreten ist. Diese Konferenz hat einmütig eine Entschließung angenommen, in welcher die Regierungen der Länder ersucht werden, den Rechtsschutz der Pressenachrichten gegen Plagiat zu verstärken. Die deutsche Regierung hat daraufhin als erste den Entwurf eines Gesetzes zum Schutz des Pressenachrichtenwesens ausarbeiten lassen, der demnächst den gesetzgebenden Körperschaften in Vorlage gebracht werden soll.

X. Kapitel.

Die Verbände der Presse.

A. Die Spitzenverbände der deutschen Presse.

Reichsverband der Deutschen Presse, e. V., Berlin SW 68, Zimmerstraße 86 (Redakteure).

Verein Deutscher Zeitungsverleger, e. V., Berlin W 10, Matthäikirchstraße 3c.

Reichsarbeitsgemeinschaft der Deutschen Presse e. V., Berlin W 10, Matthäikirchstraße 3c (Zusammenschluß der beiden oben genannten Verbände).

Arbeitgeberverband für das Deutsche Zeitungsgewerbe e. V., Berlin W 10, Matthäikirchstr. 3c.

Reichsverband Deutscher Fachzeitschriftenverleger, e. V., Berlin W 9, Potsdamer Straße 13, I.

Verein der Fachzeitschriftenverleger, Berlin-Lichterfelde, Boothstraße 2.

Verein Deutscher Korrespondenzverleger, Berlin SW 11, Großbeerenstraße 95.

Evangelischer Preßverband für Deutschland, e. V., Berlin-Steglitz, Beymestraße 8.

Augustinusverein zur Pflege der katholischen Presse, Düsseldorf, Thalstraße 55.

Verband der Deutschen Sportpresse, Berlin-Friedenau, Südwestkorso 76.

Verein Arbeiterpresse, Berlin, Engelufer 31, Gewerkschaftshaus.

Börsenverein der Deutschen Buchhändler, Leipzig C 1, Buchhändlerhaus, Gerichtsweg 26.

Deutscher Verlegerverein, Leipzig, Buchhändlerhaus, Gerichtsweg 26.

Deutscher Buchdruckerverein, Berlin W 9, Köthener Straße 33.

B. Die Organisationen der ausländischen Presse in Deutschland.

Verein der ausländischen Presse zu Berlin, e. V., Berlin NW 7, Georgenstraße 21/22.

Verband ausländischer Pressevertreter, Berlin NW 21, Oldenburger Straße 14.

C. Internationale Presseeinrichtungen in Deutschland.

Internationale Preßrechtskommission der *Fédération Internationale des Journalistes, Paris*, Berlin-Schlachtensee, Elisabethstraße 23.

Büro der Informationsabteilung des Völkerbundsekretariats, Genf, in Berlin SW 48, Hedemannstraße 21.

Anhang I.

Der Wortlaut der Deutschen Preßgesetze.

I. Verfassung des Deutschen Reichs vom 11. August 1919.

Art. 118

Jeder Deutsche hat das Recht, innerhalb der Schranken der allgemeinen Gesetze seine Meinung durch Wort, Schrift, Druck, Bild oder in sonstiger Weise frei zu äußern. An diesem Rechte darf ihn kein Arbeits- oder Anstellungsverhältnis hindern, und niemand darf ihn benachteiligen, wenn er von diesem Rechte Gebrauch macht.

Eine Zensur findet nicht statt, doch können für Lichtspiele durch Gesetz abweichende Bestimmungen getroffen werden. Auch sind zur Bekämpfung der Schund- und Schmutzliteratur[1]) sowie zum Schutz der Jugend bei öffentlichen Schaustellungen und Darbietungen gesetzliche Maßnahmen zulässig.

Art. 48

(1) . . . .

(2) Der Reichspräsident kann, wenn im Deutschen Reiche die öffentliche Sicherheit und Ordnung erheblich gestört oder gefährdet wird, die zur Wiederherstellung der öffentlichen Sicherheit und Ordnung nötigen Maßnahmen treffen, erforderlichenfalls mit Hilfe der bewaffneten Macht einschreiten. Zu diesem Zweck darf er vorübergehend die in den Artikeln 114, 115, 117, 118, 123, 124 und 153 festgesetzten Grundrechte ganz oder zum Teil außer Kraft setzen.

(3) Von allen gemäß Abs. 1 oder Abs. 2 dieses Artikels getroffenen Maßnahmen hat der Reichspräsident unverzüglich dem Reichstag Kenntnis zu geben. Die Maßnahmen sind auf Verlangen des Reichstags außer Kraft zu setzen.

(4) Bei Gefahr im Verzuge kann die Landesregierung für ihr Gebiet einstweilige Maßnahmen der in Abs. 2 bezeichneten Art treffen. Die Maßnahmen sind auf Verlangen des Reichspräsidenten oder des Reichstags außer Kraft zu setzen.

(5) Das Nähere bestimmt ein Reichsgesetz[2]).

---

[1]) Vgl. unten IV (Schund- und Schmutzgesetz).
[2]) Bisher nicht erlassen.

II. Das Reichsgesetz über die Presse vom 7. Mai 1874 (RGBl. S. 65).

I. Einleitende Bestimmungen.

§ 1.

Die Freiheit der Presse unterliegt nur denjenigen Beschränkungen, welche durch das gegenwärtige Gesetz vorgeschrieben oder zugelassen sind.

§ 2.

Das gegenwärtige Gesetz findet Anwendung auf alle Erzeugnisse der Buchdruckerpresse[1]) sowie auf alle anderen, durch mechanische oder chemische Mittel bewirkten, zur Verbreitung bestimmten Vervielfältigungen von Schriften und bildlichen Darstellungen mit oder ohne Schrift, und von Musikalien mit Text oder Erläuterungen.

Was im folgenden von „Druckschriften" verordnet ist, gilt für alle vorstehend bezeichneten Erzeugnisse.

§ 3.

Als Verbreitung einer Druckschrift im Sinne dieses Gesetzes gilt auch das Anschlagen, Ausstellen oder Auslegen derselben an Orten, wo sie der Kenntnisnahme durch das Publikum zugänglich ist.

§ 4.

Eine Entziehung der Befugnis zum selbständigen Betriebe irgendeines Preßgewerbes oder sonst zur Herausgabe und zum Vertriebe von Druckschriften kann weder im administrativen noch im richterlichen Wege stattfinden.

Im übrigen sind für den Betrieb der Preßgewerbe die Bestimmungen der Gewerbeordnung maßgebend.

§ 5.

Die nichtgewerbsmäßige öffentliche Verbreitung von Druckschriften kann durch die Ortspolizeibehörden denjenigen Personen verboten werden, welchen nach §§ 57 Nr. 1, 2, 4, 57a, 57b Nr. 1 und 2 der Gewerbeordnung ein Legitimationsschein versagt werden darf.

Zuwiderhandlungen gegen ein solches Verbot werden nach § 148 der Gewerbeordnung bestraft.

II. Ordnung der Presse.

§ 6.

Auf jeder im Geltungsbereich dieses Gesetzes erscheinenden Druckschrift muß der Name und Wohnort des Druckers und, wenn sie für den Buchhandel oder sonst zur Verbreitung bestimmt ist, der Name und Wohnort des Verlegers oder — beim Selbstvertriebe der

[1]) Vgl. jedoch für Stimmzettel unten Nr. 3.

Druckschrift — des Verfassers oder Herausgebers genannt sein. An Stelle des Namens des Druckers oder Verlegers genügt die Angabe der in das Handelsregister eingetragenen Firma.

Ausgenommen von dieser Vorschrift sind die nur zu den Zwecken des Gewerbes und Verkehrs, des häuslichen und geselligen Lebens dienenden Druckschriften, als: Formulare, Preiszettel, Visitenkarten u. dgl., sowie Stimmzettel für öffentliche Wahlen, sofern sie nichts weiter als Zweck, Zeit und Ort der Wahl und die Bezeichnung der zu wählenden Personen enthalten.

§ 7.

Zeitungen und Zeitschriften, welche in monatlichen oder kürzeren, wenn auch unregelmäßigen Fristen erscheinen (periodische Druckschriften im Sinne dieses Gesetzes), müssen außerdem auf jeder Nummer, jedem Stücke oder Hefte den Namen und Wohnort des verantwortlichen Redakteurs enthalten.

Die Benennung mehrerer Personen als verantwortliche Redakteure ist nur dann zulässig, wenn aus Form und Inhalt der Benennung mit Bestimmtheit zu ersehen ist, für welchen Teil der Druckschrift jede der benannten Personen die Redaktion besorgt.

§ 8.

Verantwortliche Redakteure periodischer Druckschriften dürfen nur Personen sein, welche verfügungsfähig, im Besitze der bürgerlichen Ehrenrechte sind und im Deutschen Reiche ihren Wohnsitz oder gewöhnlichen Aufenthalt haben.

§ 9.

Von jeder Nummer (Heft, Stück) einer periodischen Druckschrift muß der Verleger, sobald die Austeilung oder Versendung beginnt, ein Exemplar gegen eine ihm sofort zu erteilende Bescheinigung an die Polizeibehörde des Ausgabeorts unentgeltlich abliefern.

Diese Vorschrift findet keine Anwendung auf Druckschriften, welche ausschließlich Zwecken der Wissenschaft, der Kunst, des Gewerbes oder der Industrie dienen.

§ 10.

Der verantwortliche Redakteur einer periodischen Druckschrift, welche Anzeigen aufnimmt, ist verpflichtet, die ihm von öffentlichen Behörden mitgeteilten amtlichen Bekanntmachungen auf deren Verlangen gegen Zahlung der üblichen Einrückungsgebühren in eine der beiden nächsten Nummern des Blattes aufzunehmen.

§ 11.

Der verantwortliche Redakteur einer periodischen Druckschrift ist verpflichtet, eine Berichtigung der in letzterer mitgeteilten Tatsachen auf Verlangen einer beteiligten öffentlichen Behörde oder Privatperson ohne Einschaltungen oder Weglassungen aufzunehmen, sofern die Berichtigung von dem Einsender unterzeichnet ist, keinen strafbaren Inhalt hat und sich auf tatsächliche Angaben beschränkt.

Der Abdruck muß in der nach Empfang der Einsendung nächstfolgenden, für den Druck nicht bereits abgeschlossenen Nummer, und zwar in demselben Teile der Druckschrift und mit derselben Schrift wie der Abdruck des zu berichtigenden Artikels geschehen.

Die Aufnahme erfolgt kostenfrei, soweit nicht die Entgegnung den Raum der zu berichtigenden Mitteilung überschreitet; für die über dieses Maß hinausgehenden Zeilen sind die üblichen Einrückungsgebühren zu entrichten.

§ 12.

Auf die von den deutschen Reichs-, Staats- und Gemeindebehörden, von dem Reichstag oder von der Landesvertretung eines deutschen Bundesstaats ausgehenden Druckschriften finden, soweit sich ihr Inhalt auf amtliche Mitteilungen beschränkt, die Vorschriften der §§ 6 bis 11 keine Anwendung.

§ 13.

Die auf mechanischem oder chemischem Wege vervielfältigten periodischen Mitteilungen (lithographierte, autographierte, metallographierte, durchschriebene Korrespondenzen) unterliegen, sofern sie ausschließlich an Redaktionen verbreitet werden, den in diesem Gesetz für periodische Druckschriften getroffenen Bestimmungen nicht.

§ 14.

Ist gegen eine Nummer (Stück, Heft) einer im Auslande erscheinenden periodischen Druckschrift binnen Jahresfrist zweimal eine Verurteilung auf Grund der §§ 41 und 42 des Strafgesetzbuchs erfolgt, so kann der Reichskanzler innerhalb zwei Monaten nach Eintritt der Rechtskraft des letzten Erkenntnisses das Verbot der ferneren Verbreitung dieser Druckschrift bis auf zwei Jahre durch öffentliche Bekanntmachung aussprechen.

Die in den einzelnen Bundesstaaten auf Grund der Landesgesetzgebung bisher erlassenen Verbote ausländischer periodischer Druckschriften treten außer Wirksamkeit.

§ 15.

(In Zeiten der Kriegsgefahr oder des Krieges können Veröffentlichungen über Truppenbewegungen oder Verteidigungsmittel durch den Reichskanzler mittels öffentlicher Bekanntmachung verboten werden.) Aufgehoben durch Gesetz vom 3. Juni 1914.

§ 16.

Öffentliche Aufforderungen mittelst der Presse zur Aufbringung der wegen einer strafbaren Handlung erkannten Geldstrafen und Kosten sowie öffentliche Bescheinigungen mittelst der Presse über den Empfang der zu solchen Zwecken gezahlten Beiträge sind verboten.

Das zufolge solcher Aufforderungen Empfangene oder der Wert desselben ist der Armenkasse des Ortes der Sammlung für verfallen zu erklären.

§ 17.

Die Anklageschrift oder andere amtliche Schriftstücke eines Strafprozesses dürfen durch die Presse nicht eher veröffentlicht werden, als bis dieselben in öffentlicher Verhandlung kundgegeben worden sind oder das Verfahren sein Ende erreicht hat.

§ 18.

Mit Geldstrafe bis zu eintausend Mark[1]) oder mit Haft oder mit Gefängnis bis zu sechs Monaten werden bestraft:

1. Zuwiderhandlungen gegen die in den §§ 14, 16 und 17 enthaltenen Verbote;
2. Zuwiderhandlungen gegen die Bestimmungen der §§ 6, 7 und 8, welche durch falsche Angaben mit Kenntnis der Unrichtigkeit begangen werden.

Dieselbe Strafe trifft den Verleger einer periodischen Druckschrift auch dann, wenn er wissentlich geschehen läßt, daß auf derselben eine Person fälschlich als Redakteur benannt wird.

§ 19.

Mit Geldstrafe bis zu einhundertundfünfzig Mark oder mit Haft werden bestraft:

1. Zuwiderhandlungen gegen die §§ 6, 7 und 8, welche nicht durch § 18 Ziffer 2 getroffen sind;
2. Zuwiderhandlungen gegen den § 9;
3. Zuwiderhandlungen gegen die §§ 10 und 11.

In den Fällen der Ziffer 3 tritt die Verfolgung nur auf Antrag ein, und hat das Strafurteil zugleich die Aufnahme des eingesandten Artikels in die nächstfolgende Nummer anzuordnen. Ist die unberechtigte Verweigerung im guten Glauben geschehen, so ist unter Freisprechung von Strafe und Kosten lediglich die nachträgliche Aufnahme anzuordnen.

III. Verantwortlichkeit für die durch die Presse begangenen strafbaren Handlungen.

§ 20.

Die Verantwortlichkeit für Handlungen, deren Strafbarkeit durch den Inhalt einer Druckschrift begründet wird, bestimmt sich nach den bestehenden allgemeinen Strafgesetzen.

Ist die Druckschrift eine periodische, so ist der verantwortliche Redakteur als Täter zu bestrafen, wenn nicht durch besondere Umstände die Annahme seiner Täterschaft ausgeschlossen wird.

---

[1]) Jetzt bis zu 10 000 M.; Verordnung über Vermögensstrafen vom 6. Februar 1924 (RGBl. I, 44).

§ 21.

Begründet der Inhalt einer Druckschrift den Tatbestand einer strafbaren Handlung, so sind

der verantwortliche Redakteur,

der Verleger,

der Drucker,

derjenige, welcher die Druckschrift gewerbsmäßig vertrieben oder sonst öffentlich verbreitet hat (Verbreiter),

soweit sie nicht nach § 20 als Täter oder Teilnehmer zu bestrafen sind, wegen Fahrlässigkeit mit Geldstrafe bis zu eintausend Mark[1]) oder mit Haft oder mit Festungshaft oder Gefängnis bis zu einem Jahre zu belegen[2]), wenn sie nicht die Anwendung der pflichtgemäßen Sorgfalt oder Umstände nachweisen, welche diese Anwendung unmöglich gemacht haben.

Die Bestrafung bleibt jedoch für jede der benannten Personen ausgeschlossen, wenn sie als den Verfasser oder den Einsender, mit dessen Einwilligung die Veröffentlichung geschehen ist, oder, wenn es sich um eine nicht periodische Druckschrift handelt, als den Herausgeber derselben, oder als einen der in obiger Reihenfolge vor ihr Benannten eine Person bis zur Verkündigung des ersten Urteils nachweist, welche in dem Bereich der richterlichen Gewalt eines deutschen Bundesstaats sich befindet, oder falls sie verstorben ist, sich zur Zeit der Veröffentlichung befunden hat; hinsichtlich des Verbreiters ausländischer Druckschriften außerdem, wenn ihm dieselben im Wege des Buchhandels zugekommen sind.

IV. Verjährung.

§ 22.

Die Strafverfolgung derjenigen Verbrechen und Vergehen, welche durch die Verbreitung von Druckschriften strafbaren Inhalts begangen werden, sowie derjenigen sonstigen Vergehen, welche in diesem Gesetze mit Strafe bedroht sind, verjährt in sechs Monaten.

V. Beschlagnahme.

§ 23.

Eine Beschlagnahme von Druckschriften ohne richterliche Anordnung findet nur statt:

1. wenn eine Druckschrift den Vorschriften der §§ 6 und 7 nicht entspricht oder den Vorschriften des § 14 zuwider verbreitet wird,

---

[1]) Jetzt bis zu 10 000 M.; Verordnung über Vermögensstrafen vom 6. Februar 1924 (RGBl. I, 44).

[2]) Ausnahme: § 12 der Bekanntmachung über Wohlfahrtspflege, siehe unten V.

2. wenn durch eine Druckschrift einem auf Grund des (§ 15 dieses Gesetzes[1]) erlassenen Verbot zuwider gehandelt wird,
3. wenn der Inhalt einer Druckschrift den Tatbestand einer der in den §§ 85, 95, 111, 130 oder 184 des deutschen Strafgesetzbuchs mit Strafe bedrohten Handlungen begründet, in den Fällen der §§ 111 und 130 jedoch nur dann, wenn dringende Gefahr besteht, daß bei Verzögerung der Beschlagnahme die Aufforderung oder Anreizung ein Verbrechen oder Vergehen unmittelbar zur Folge haben werde.

§ 24.

Über die Bestätigung oder Aufhebung der vorläufigen Beschlagnahme hat das zuständige Gericht zu entscheiden.

Diese Entscheidung muß von der Staatsanwaltschaft binnen 24 Stunden nach Anordnung der Beschlagnahme beantragt und von dem Gericht binnen 24 Stunden nach Empfang des Antrags erlassen werden.

Hat die Polizeibehörde die Beschlagnahme ohne Anordnung der Staatsanwaltschaft verfügt, so muß sie die Absendung der Verhandlungen an die letztere ohne Verzug und spätestens binnen 12 Stunden bewirken. Die Staatsanwaltschaft hat entweder die Wiederaufhebung der Beschlagnahme mittelst einer sofort vollstreckbaren Verfügung anzuordnen oder die gerichtliche Bestätigung binnen 12 Stunden nach Empfang der Verhandlungen zu beantragen.

Wenn nicht bis zum Ablaufe des fünften Tages nach Anordnung der Beschlagnahme der bestätigende Gerichtsbeschluß der Behörde, welche die Beschlagnahme angeordnet hat, zugegangen ist, erlischt die letztere und muß die Freigabe der einzelnen Stücke erfolgen.

§ 25.

Gegen den Beschluß des Gerichts, welcher die vorläufige Beschlagnahme aufhebt, findet ein Rechtsmittel nicht statt.

§ 26.

Die vom Gericht bestätigte vorläufige Beschlagnahme ist wieder aufzuheben, wenn nicht binnen zwei Wochen nach der Bestätigung die Strafverfolgung in der Hauptsache eingeleitet worden ist.

§ 27.

Die Beschlagnahme von Druckschriften trifft die Exemplare nur da, wo dergleichen zum Zwecke der Verbreitung sich befinden. Sie kann sich auf die zur Vervielfältigung dienenden Platten und Formen erstrecken; bei Druckschriften im engeren Sinne hat auf Antrag des

---

[1]) An Stelle des aufgehobenen § 15 dieses Gesetzes ist jetzt zu setzen: „§ 10 des Gesetzes gegen den Verrat militärischer Geheimnisse vom 3. Juni 1914 (RGBl. 195)" vgl. §§ 17, 19 des genannten Gesetzes. Eine entsprechende formale Fassungsänderung des Preßgesetzes ist versehentlich unterblieben.

Beteiligten statt Beschlagnahme des Satzes das Ablegen des letzteren zu geschehen.

Bei der Beschlagnahme sind die dieselbe veranlassenden Stellen der Schrift unter Anführung der verletzten Gesetze zu bezeichnen. Trennbare Teile der Druckschrift (Beilagen einer Zeitung usw.), welche nichts Strafbares enthalten, sind von der Beschlagnahme auszuschließen.

§ 28.

Während der Dauer der Beschlagnahme ist die Verbreitung der von derselben betroffenen Druckschrift oder der Wiederabdruck der die Beschlagnahme veranlassenden Stellen unstatthaft.

Wer mit Kenntnis der verfügten Beschlagnahme dieser Bestimmung entgegenhandelt, wird mit Geldstrafe bis fünfhundert Mark[1]) oder mit Gefängnis bis zu sechs Monaten bestraft.

§ 29.

Zur Entscheidung über die durch die Presse begangenen Übertretungen sind die Gerichte auch in denjenigen Bundesstaaten ausschließlich zuständig, wo zur Zeit noch deren Aburteilung den Verwaltungsbehörden zusteht.

Soweit in einzelnen Bundesstaaten eine Mitwirkung der Staatsanwaltschaft bei den Gerichten unterster Instanz nicht vorgeschrieben ist, sind in den Fällen der ohne richterliche Anordnung erfolgten Beschlagnahme die Akten unmittelbar dem Gericht vorzulegen.

VI. Schlußbestimmungen.

§ 30.

Die für Zeiten der Kriegsgefahr, des Krieges, des erklärten Kriegs- (Belagerungs-) Zustandes oder innerer Unruhen (Aufruhrs) in bezug auf die Presse bestehenden besonderen gesetzlichen Bestimmungen bleiben auch diesem Gesetze gegenüber bis auf weiteres in Kraft.

Das Recht der Landesgesetzgebung, Vorschriften über das öffentliche Anschlagen, Anheften, Ausstellen sowie die öffentliche, unentgeltliche Verteilung von Bekanntmachungen, Plakaten und Aufrufen zu erlassen, wird durch dieses Gesetz nicht berührt.

Dasselbe gilt von den Vorschriften der Landesgesetze über Abgabe von Freiexemplaren an Bibliotheken und öffentliche Sammlungen.

Vorbehaltlich der auf den Landesgesetzen beruhenden allgemeinen Gewerbesteuer findet eine besondere Besteuerung der Presse und der einzelnen Preßerzeugnisse (Zeitungs- und Kalenderstempel, Abgaben von Inseraten usw.) nicht statt.

---

[1]) Jetzt bis zu 10 000 M.; Verordnung über Vermögensstrafen vom 6. Februar 1924 (RGBl. I, 44).

§ 31.

Dieses Gesetz tritt am 1. Juli 1874 in Kraft. Seine Einführung in Elsaß-Lothringen bleibt einem besonderen Gesetze vorbehalten.

III. Gesetz, betreffend die Stimmzettel für öffentliche Wahlen vom 12. März 1884 (RGBl. S. 17).

Stimmzettel, welche im Wege der Vervielfältigung hergestellt sind und nur die Bezeichnung der zu wählenden Personen enthalten, gelten nicht als Druckschriften im Sinne der Reichs- und der Landesgesetze.

IV. Gesetz zur Bewahrung der Jugend vor Schund- und Schmutzschriften vom 18. Dezember 1926.

(Reichsgesetzbl. I S. 505.)

§ 1.

(1) Zum Schutze der heranwachsenden Jugend werden Schund- und Schmutzschriften in eine Liste aufgenommen. Sie sind, sobald ihre Aufnahme in die Liste öffentlich bekanntgemacht ist, im ganzen Reichsgebiete folgenden Beschränkungen unterworfen:

1. sie dürfen im Umherziehen weder feilgehalten noch angeboten oder angekündigt werden; auch dürfen auf sie keine Bestellungen im Umherziehen gesucht oder entgegengenommen werden;
2. sie dürfen im stehenden Gewerbe, von Haus zu Haus oder auf öffentlichen Wegen, Straßen, Plätzen oder an anderen öffentlichen Orten nicht feilgeboten, angekündigt sowie innerhalb der Verkaufsräume und in Schaufenstern oder an anderen von der Straße aus sichtbaren Orten nicht zur Schau gestellt werden; auch dürfen Bestellungen auf sie nicht gesucht werden;
3. sie dürfen Personen unter 18 Jahren weder zum Kaufe angeboten noch innerhalb des gewerblichen Betriebs entgeltlich oder unentgeltlich überlassen werden.

(2) Reichs-, Staats- und Gemeindebehörden haben die Verpflichtung, dafür Sorge zu tragen, daß in keiner ihrer Einrichtungen Kindern oder Jugendlichen Bücher oder Schriften zugänglich gemacht werden, die in die Liste der Schmutz- oder Schundschriften aufgenommen sind.

(3) Werden mehr als zwei Nummern einer periodischen Druckschrift, die innerhalb Jahresfrist erschienen sind, auf die Liste gesetzt, so kann auch die periodische Druckschrift als solche auf die Dauer von drei bis zwölf Monaten auf die Liste gesetzt werden. Politische Tageszeitungen und politische Zeitschriften werden hiervon nicht betroffen.

(4) Als auf die Liste gesetzt gilt auch eine angeblich neue Schrift, die sich sachlich als eine bereits auf die Liste gesetzte Schrift darstellt.

(5) Eine Schrift kann wegen ihrer politischen, sozialen, religiösen, ethischen oder weltanschaulichen Tendenz als solcher nicht auf die Liste gesetzt werden.

§ 2.

(1) Die Entscheidung darüber, ob eine Schrift auf die Liste gesetzt werden soll, erfolgt durch Prüfstellen, die von dem Reichsminister des Innern im Einvernehmen mit den Landesregierungen nach Bedarf errichtet werden. Ihre Zuständigkeit wird räumlich abgegrenzt. Die Entscheidungen der Prüfstellen haben für das gesamte Reichsgebiet Gültigkeit. Zur Entscheidung über Anträge gegen Aufnahme einer Schrift in die Liste oder auf Streichung sowie über Beschwerden (§ 4) wird eine Oberprüfstelle in Leipzig gebildet.

(2) Antragsberechtigt sind die Landeszentralbehörden und die Landesjugendämter.

(3) Die Entscheidungen sind dem Vorsitzenden der Oberprüfstelle mitzuteilen. Dieser hat die Schriften, deren Aufnahme in die Liste ausgesprochen ist, binnen drei Wochen öffentlich bekanntzumachen. Die Bekanntmachung unterbleibt einstweilen, wenn das Reich oder ein Land gemäß § 4 die Entscheidung der Oberprüfstelle beantragt.

§ 3.

(1) Die Prüfstelle setzt sich aus einem beamteten Vorsitzenden und acht Sachverständigen zusammen. Von den Sachverständigen sind je zwei zu entnehmen den Kreisen

1. der Kunst und Literatur,
2. des Buch- und Kunsthandels,
3. der Jugendwohlfahrt und der Jugendorganisationen,
4. der Lehrerschaft und der Volksbildungsorganisationen.

Der Reichsminister des Innern ernennt auf Grund von Vorschlägen der beteiligten Verbände von jeder dieser Gruppen auf drei Jahre eine Anzahl Sachverständiger unter Berücksichtigung der Vertreter der Körperschaften des öffentlichen Rechtes nach Artikel 137 der Reichsverfassung. Die Heranziehung im Einzelfall erfolgt nach einem bestimmten Plane durch den Vorsitzenden.

(2) Nur bei Übereinstimmung von wenigstens sechs Mitgliedern der Prüfstelle ist eine Schrift in die Liste aufzunehmen.

§ 4.

(1) Das Reich, jedes Land sowie der Verfasser und der Verleger können bei der Oberprüfstelle einen Antrag gegen Aufnahme einer Schrift in die Liste oder auf Streichung einer Schrift von der Liste stellen. Der Antrag kann von dem Verfasser oder Verleger nur binnen zwei Wochen nach Zustellung der Entscheidung gestellt werden. Ist ein Antrag gegen Aufnahme oder auf Streichung abgelehnt worden, so darf er vor Ablauf eines Jahres von keiner Seite erneuert werden.

(2) Lehnt die Prüfstelle den Antrag ab, eine Schrift auf die Liste zu setzen, so können die Antragsberechtigten, der Vorsitzende oder zwei an der Entscheidung beteiligte Beisitzer innerhalb zwei Wochen seit dem Tage der Entscheidung Beschwerde bei der Oberprüfstelle einlegen.

(3) Ist ein Antrag gegen Aufnahme in die Liste oder auf Streichung gestellt, so kann der Vorsitzende der Oberprüfstelle veranlassen, daß die öffentliche Bekanntmachung der Entscheidung der Prüfstelle einstweilen bis zur Entscheidung der Oberprüfstelle unterbleibt.

(4) Die Oberprüfstelle besteht aus einem Vertreter des Reichsministeriums des Innern als Vorsitzenden, sechs vom Reichsrat gewählten Beisitzern und aus Sachverständigen der im § 3 Abs. 1 Satz 2 bezeichneten Gruppen, die vom Reichsminister des Innern auf drei Jahre ernannt werden. Sie entscheidet in der Besetzung von sieben Mitgliedern, die aus dem beamteten Vorsitzenden, zwei Beisitzern und je einem Sachverständigen der oben bezeichneten Gruppen bestehen. Die Entscheidungen erfolgen mit einfacher Mehrheit. Soll indessen der Antrag gegen Aufnahme in die Liste oder auf Streichung abgelehnt oder der Beschwerde aus § 4 Abs. 2 stattgegeben werden, so muß die Mehrheit wenigstens fünf Stimmen betragen.

(5) Bei geschäftlicher Anpreisung von Schriften ist der Hinweis darauf verboten, daß ein Verfahren auf Aufnahme der Schrift in die Liste anhängig oder anhängig gewesen ist.

§ 5.

(1) Die Kosten der Errichtung der Reichsprüfstellen trägt das Reich.

(2) Die Kosten des Verfahrens bei der Oberprüfstelle trägt im Falle der Ablehnung der Verleger, wenn er das Verfahren beantragt hat.

§ 6.

(1) Wer vorsätzlich den Bestimmungen der §§ 1 und 4 Abs. 5 zuwiderhandelt, und wer die Liste (§ 1) zum Zwecke des Anpreisens abdruckt oder vervielfältigt, wird mit Gefängnis bis zu einem Jahre und mit Geldstrafe oder mit einer dieser Strafen bestraft. Wer die Tat fahrlässig begeht, wird nur mit Geldstrafe bestraft.

(2) In besonders leichten Fällen kann von Strafe abgesehen werden.

(3) Neben der Strafe ist bei vorsätzlicher Zuwiderhandlung auf Einziehung der zur Begehung der Tat gebrauchten oder bestimmten Schriften zu erkennen, auch wenn sie weder dem Täter noch einem Teilnehmer gehören. Auf die Einziehung kann selbständig erkannt werden, wenn die Verfolgung oder Verurteilung einer bestimmten Person nicht ausführbar ist.

§ 7.

Der Reichsminister des Innern wird ermächtigt, mit Zustimmung des Reichsrats Ausführungsbestimmungen zu diesem Gesetze zu erlassen.

V. Bekanntmachung über Wohlfahrtspflege während des Krieges vom 15. Februar 1917 (RGBl. S. 143)[1]).

§ 1.

Wer zu den Zwecken der Kriegswohlfahrtspflege oder sonst zu vaterländischen oder gemeinnützigen oder mildtätigen Zwecken (Wohlfahrtszwecken) eine öffentliche Sammlung, eine öffentliche Unterhaltung oder Belehrung, einen öffentlichen Vertrieb von Gegenständen oder eine öffentliche Werbung von Mitgliedern oder Mitunternehmern veranstalten will, bedarf für jeden Bundesstaat, in welchem die Veranstaltung stattfinden soll, der Erlaubnis der zuständigen Behörde.

Die Erlaubnis wird, soweit es sich nicht um einmalige Veranstaltungen handelt, nur für eine bestimmte Dauer und in geeigneten Fällen nur auf Widerruf erteilt. Sie kann von Bedingungen, insbesondere von der Hinterlegung einer Sicherheit, abhängig gemacht werden. Bevor die Erlaubnis erteilt ist, darf die Veranstaltung nicht öffentlich angekündigt werden.

Die Erlaubnis gilt nur für das Gebiet, für das sie erteilt worden ist. Für Ankündigungen in Zeitungen oder Zeitschriften genügt es, wenn die Veranstaltung von der zuständigen Behörde des Ortes erlaubt worden ist, an dem die Zeitung oder Zeitschrift erscheint; jedoch müssen in der Ankündigung die Gebiete bezeichnet werden, auf welche die Erlaubnis beschränkt ist.

Die Landeszentralbehörde kann zugunsten bestimmter Arten von mildtätigen Zwecken Ausnahmen von der Vorschrift des Abs. 1 zulassen.

§ 11.

Mit Geldstrafe bis zu zehntausend Mark oder mit Gefängnis bis zu sechs Monaten wird bestraft:

1. wer ohne die vorgeschriebene Erlaubnis eine Veranstaltung der im § 1 bezeichneten Art unternimmt;
2. wer als Angestellter oder Beauftragter bei einer nicht erlaubten Veranstaltung der im § 1 bezeichneten Art mitwirkt;
3. wer als Inhaber, Veranstalter, Vorsteher, Geschäftsführer, Angestellter oder Beauftragter die Erlaubnis überschreitet oder den Bedingungen, an die sie geknüpft ist, zuwiderhandelt;
4. wer eine Veranstaltung der im § 1 bezeichneten Art öffentlich ankündigt, bevor die erforderliche Erlaubnis erteilt ist.

pp.

[1]) Diese Kriegsverordnung ist noch in Geltung.

§ 12.

Wird eine der im § 11 Nr. 1 bis 4 mit Strafe bedrohten Handlungen durch die Presse begangen, so können die im § 21 des Gesetzes über die Presse vom 7. Mai 1874 (Reichs-Gesetzbl. S. 65) bezeichneten Personen nur verantwortlich gemacht werden, wenn sie selbst Veranstalter sind.

VI. Gesetz zum Schutze der Republik
vom 23. Juli 1922 (RGBl. I S. 585),
verlängert durch Gesetz vom 2. Juni 1927 (RGBl. I S. 125).

§ 7.

Mit Gefängnis von drei Monaten bis zu fünf Jahren wird, soweit nicht andere Vorschriften eine schwerere Strafe androhen, bestraft:

1. wer gegen Mitglieder der republikanischen Regierung des Reichs oder eines Landes einen Angriff auf Leib oder Leben (Gewalttätigkeit) begeht oder mit einem anderen verabredet, oder wer zu einer solchen Gewalttätigkeit auffordert;

2. wer einen anderen, der als Mitglied einer republikanischen Regierung des Reichs oder eines Landes durch eine gegen ihn gerichtete Gewalttätigkeit getötet worden ist, öffentlich oder in einer Versammlung beschimpft oder verleumdet;

3. wer öffentlich oder in einer Versammlung ein Verbrechen gegen § 1 oder Gewalttätigkeiten, die gegen Mitglieder der republikanischen Regierung des Reichs oder eines Landes begangen worden sind, verherrlicht oder ausdrücklich billigt, wer solche Taten belohnt oder den Täter oder Teilnehmer begünstigt (§ 257 des Strafgesetzbuches);

4. wer an einer geheimen oder staatsfeindlichen Verbindung (§§ 128, 129 des Strafgesetzbuches), die die Bestrebung verfolgt, die verfassungsmäßig festgestellte republikanische Staatsform des Reiches oder eines Landes zu untergraben, teilnimmt, oder sie oder im Dienste ihrer Bestrebungen ein Mitglied mit Rat oder Tat insbesondere durch Geld unterstützt;

wer sich einer geheimen oder staatsfeindlichen Verbindung (§§ 128, 129 des Strafgesetzbuchs) anschließt, die selbst oder deren Mitglieder unbefugt Waffen besitzen;

wer ein bis dahin verheimlichtes Waffenlager in Eigentum oder Gewahrsam hat und es unterläßt, der Behörde von dem Aufbewahrungsort unverzüglich Kenntnis zu geben; dem Waffenlager steht ein Munitionslager, ein Geschütz, ein Minenwerfer oder Flammenwerfer, ein Maschinengewehr oder eine Maschinenpistole gleich.

In besonders schweren Fällen ist die Strafe Zuchthaus.

Neben der Freiheitsstrafe ist auf Geldstrafe bis zu fünf Millionen Mark zu erkennen.

§ 8.

Mit Gefängnis bis zu fünf Jahren, neben dem auf Geldstrafe bis zu einer Million Mark erkannt werden kann, wird bestraft:

1. wer öffentlich oder in einer Versammlung die verfassungsmäßig festgestellte republikanische Staatsform des Reichs oder eines Landes beschimpft oder dadurch herabwürdigt, daß er Mitglieder der republikanischen Regierung des Reichs oder eines Landes beschimpft oder verleumdet;

2. wer öffentlich oder in einer Versammlung die Reichs- oder Landesfarben beschimpft;

(3) . . . .

§ 20.

Die Vorschriften des Gesetzes über die Presse vom 7. Mai 1874 (Reichsgesetzbl. S. 65) über die Beschlagnahme von Druckschriften (§§ 23 ff. des Gesetzes) finden auch auf die in §§ 1 bis 8 dieses Gesetzes bezeichneten strafbaren Handlungen mit der Maßgabe Anwendung, daß der Staatsanwaltschaft gegen den Beschluß des Gerichts, der die vorläufige Beschlagnahme aufhebt, die sofortige Beschwerde mit aufschiebender Wirkung zusteht.

§ 21.

Wird durch den Inhalt einer periodischen Druckschrift die Strafbarkeit einer der in den §§ 1 bis 8 bezeichneten Handlungen begründet, so kann die periodische Druckschrift, wenn es sich um eine Tageszeitung handelt, bis auf die Dauer von vier Wochen, in anderen Fällen bis auf die Dauer von sechs Monaten verboten werden. Auf die Zuständigkeit und das Verfahren finden die Vorschriften des § 17 Anwendung.

Das Verbot umfaßt auch jede angeblich neue Druckschrift, die sich sachlich als die alte darstellt.

§ 22.

Wer eine nach § 21 verbotene Druckschrift herausgibt, verlegt, druckt oder verbreitet, wird mit Gefängnis von drei Monaten bis zu fünf Jahren bestraft, neben dem auf Geldstrafe bis zu fünfhunderttausend Mark erkannt werden kann.

VII. Gesetz betreffend die unter Ausschluß der Öffentlichkeit stattfindenden Gerichtsverhandlungen v. 5. April 1888 (RGBl. S. 133).

Artikel III.

Soweit bei einer Gerichtsverhandlung die Öffentlichkeit wegen Gefährdung der Staatssicherheit ausgeschlossen war, dürfen Berichte über die Verhandlung durch die Presse nicht veröffentlicht werden. Das gleiche gilt auch nach der Beendigung des Verfahrens in betreff der Veröffentlichung der Anklageschrift oder anderer amtlicher Schriftstücke des Prozesses.

Zuwiderhandlungen unterliegen der im Artikel II bestimmten Strafe[1]).

VIII. Einführungsgesetz zur Militärstrafgerichtsordnung vom 1. Dezember 1898 (RGBl. S. 1289).

§ 18.

(1) . . . . .

(2) Soweit im militärgerichtlichen Verfahren die Öffentlichkeit der Verhandlung wegen Gefährdung der Staatssicherheit oder der militärdienstlichen Interessen (§ 283 der Militärstrafgerichtsordnung) ausgeschlossen war, dürfen Berichte über die Verhandlung durch die Presse nicht veröffentlicht werden. Das gleiche gilt auch nach der Beendigung des Verfahrens in betreff der Veröffentlichung der Anklageschrift oder anderer amtlicher Schriftstücke des Verfahrens. Zuwiderhandlungen unterliegen der im Abs. 1 bestimmten Strafe[2]).

IX. Gesetz gegen den unlauteren Wettbewerb vom 7. Juni 1909 (RGBl. S. 499).

§ 1.

Wer im geschäftlichen Verkehr zu Zwecken des Wettbewerbs Handlungen vornimmt, die gegen die guten Sitten verstoßen, kann auf Unterlassung und Schadensersatz in Anspruch genommen werden.

§ 3.

Wer in öffentlichen Bekanntmachungen oder in Mitteilungen, die für einen größeren Kreis von Personen bestimmt sind, über geschäftliche Verhältnisse, insbesondere über die Beschaffenheit, den Ursprung, die Herstellungsart oder die Preisbemessung von Waren oder gewerblichen Leistungen, über die Art des Bezuges oder die Bezugsquelle von Waren, über den Besitz von Auszeichnungen, über den Anlaß oder den Zweck des Verkaufs oder über die Menge der Vorräte unrichtige Angaben macht, die geeignet sind, den Anschein eines besonders günstigen Angebots hervorzurufen, kann auf Unterlassung der unrichtigen Angaben in Anspruch genommen werden.

§ 13.

(1) . . . . .

(2) Zum Ersatze des durch die Zuwiderhandlung entstehenden Schadens ist verpflichtet:

---

[1]) Geldstrafe bis zu 10 000 M. oder Haft oder Gefängnis bis zu sechs Monaten.

[2]) Geldstrafe bis zu 10 000 M. oder Haft oder Gefängnis bis zu sechs Monaten; gegen aktive Heeres- oder Marineangehörige Freiheitsstrafe bis zu sechs Monaten oder Disziplinarstrafen.

1. wer im Falle des § 3 die Unrichtigkeit der von ihm gemachten Angaben kannte oder kennen mußte. Gegen Redakteure, Verleger, Drucker oder Verbreiter von periodischen Druckschriften kann der Anspruch auf Schadensersatz nur geltend gemacht werden, wenn sie die Unrichtigkeit der Angaben kannten;

. . . . .

X. Börsengesetz
vom 27. Mai 1908 (RGBl. S. 215).

§ 89.

Wer für Mitteilungen in der Presse, durch welche auf den Börsenpreis eingewirkt werden soll, Vorteile gewährt oder verspricht oder sich gewähren oder versprechen läßt, welche in auffälligem Mißverhältnisse zu der Leistung stehen, wird mit Gefängnis bis zu einem Jahre und zugleich mit Geldstrafe bis zu fünftausend Mark bestraft.

Die gleiche Strafe trifft denjenigen, der sich für die Unterlassung von Mitteilungen der bezeichneten Art Vorteile gewähren oder versprechen läßt.

Der Versuch ist strafbar.

Sind mildernde Umstände vorhanden, so kann ausschließlich auf die Geldstrafe erkannt werden.

XI. Einführungsgesetz zum Gerichtsverfassungsgesetz
vom 27. Januar 1877 (RGBl. S. 77).

§ 6.

Unberührt bleiben die bestehenden landesgesetzlichen Vorschriften über die Zuständigkeit der Schwurgerichte für die durch die Presse begangenen strafbaren Handlungen.

XII. Strafgesetzbuch.

§ 41.

Wenn der Inhalt einer Schrift, Abbildung oder Darstellung strafbar ist, so ist im Urteile auszusprechen, daß alle Exemplare sowie die zu ihrer Herstellung bestimmten Platten und Formen unbrauchbar zu machen sind.

Diese Vorschrift bezieht sich jedoch nur auf die im Besitze des Verfassers, Druckers, Herausgebers, Verlegers oder Buchhändlers befindlichen und auf die öffentlich ausgelegten oder öffentlich angebotenen Exemplare.

Ist nur ein Teil der Schrift, Abbildung oder Darstellung strafbar, so ist, insofern eine Ausscheidung möglich ist, auszusprechen, daß nur die strafbaren Stellen und derjenige Teil der Platten und Formen, auf welchem sich diese Stellen befinden, unbrauchbar zu machen sind.

§ 42.

Ist in den Fällen der §§ 40 und 41 die Verfolgung oder die Verurteilung einer bestimmten Person nicht ausführbar, so können die daselbst vorgeschriebenen Maßnahmen selbständig erkannt werden[1])

XIII. Strafprozeßordnung.

§ 7.

I. Der Gerichtsstand ist bei demjenigen Gericht begründet, in dessen Bezirk die strafbare Handlung begangen ist.

II. Wird der Tatbestand der strafbaren Handlung durch den Inhalt einer im Inland erschienenen Druckschrift begründet, so ist als das nach Abs. I zuständige Gericht nur dasjenige Gericht anzusehen, in dessen Bezirk die Druckschrift erschienen ist. Jedoch ist in den Fällen der Beleidigung, sofern die Verfolgung im Wege der Privatklage stattfindet, auch das Gericht, in dessen Bezirk die Druckschrift verbreitet worden ist, zuständig, wenn in diesem Bezirk die beleidigte Person ihren Wohnsitz oder gewöhnlichen Aufenthalt hat.

§ 53.

Zur Verweigerung des Zeugnisses sind ferner berechtigt:

(1) . . . . .

(2) . . . . .

(3) . . . . .

(4) Redakteure, Verleger und Drucker einer periodischen Druckschrift sowie die bei der technischen Herstellung der Druckschrift beschäftigten Personen über die Person des Verfassers oder Einsenders einer Veröffentlichung strafbaren Inhalts, wenn ein Redakteur der Druckschrift als Täter bestraft ist oder seiner Bestrafung kein rechtliches Hindernis entgegensteht.

Verfahren bei Einziehungen und Vermögensbeschlagnahmen[2]).

§ 430.

In den Fällen, in welchen nach § 42 des Strafgesetzbuchs oder nach anderweiten gesetzlichen Bestimmungen auf Einziehung, Vernichtung oder Unbrauchbarmachung von Gegenständen selbständig

[1]) Vgl. unten §§ 430 ff. StPO.
[2]) Vgl. oben XII.

erkannt werden kann, ist der Antrag, sofern die Entscheidung nicht in Verbindung mit einem Urteil in der Hauptsache erfolgt, seitens der Staatsanwaltschaft oder des Privatklägers bei dem Gerichte zu stellen, welches für den Fall der Verfolgung einer bestimmten Person zuständig sein würde.

An die Stelle des Schwurgerichts tritt das Schöffengericht.

§ 431.

Die Verhandlung und Entscheidung erfolgt in einem Termin, auf welchen die Bestimmungen über die Hauptverhandlung entsprechende Anwendung finden.

Personen, welche einen rechtlichen Anspruch auf den Gegenstand der Einziehung, Vernichtung oder Unbrauchbarmachung haben, sind, soweit dies ausführbar erscheint, zu dem Termine zu laden.

Sie können alle Befugnisse ausüben, welche einem Angeklagten zustehen, sich auch durch einen mit schriftlicher Vollmacht versehenen Verteidiger vertreten lassen. Durch ihr Nichterscheinen wird das Verfahren und die Urteilsfällung nicht aufgehalten.

§ 432.

Die Rechtsmittel gegen das Urteil stehen der Staatsanwaltschaft, dem Privatkläger und den im § 431 bezeichneten Personen zu.

XIV. Reichsgewerbeordnung.

Titel II (Stehender Gewerbebetrieb).

§ 14.

Wer den selbständigen Betrieb eines stehenden Gewerbes anfängt, muß der für den Ort, wo solches geschieht, nach den Landesgesetzen zuständigen Behörde gleichzeitig Anzeige davon machen. Diese Anzeige liegt auch demjenigen ob, welcher zum Betrieb eines Gewerbes im Umherziehen (Titel III) befugt ist.

. . . . . Buch- und Steindrucker, Buch- und Kunsthändler, Antiquare, Leihbibliothekare, Inhaber von Lesekabinetten, Verkäufer von Druckschriften, Zeitungen und Bildern haben bei der Eröffnung ihres Gewerbebetriebes das Lokal desselben sowie jeden späteren Wechsel des letzteren spätestens am Tage seines Eintritts der zuständigen Behörde ihres Wohnorts anzugeben.

§ 42a.

Gegenstände, welche von dem Ankauf oder Feilbieten im Umherziehen ausgeschlossen sind[1]), dürfen auch innerhalb des Gemeindebezirkes des Wohnorts oder der gewerblichen Niederlassung von Haus zu Haus oder auf öffentlichen Wegen, Straßen, Plätzen oder anderen öffentlichen Orten nicht feilgeboten oder zum Wiederverkauf angekauft werden . . . . .

[1]) Vgl. § 56 Abs. 3 Nr. 12.

Die zuständige Landesregierung ist befugt, soweit ein Bedürfnis dazu obwaltet, anzuordnen, daß und inwiefern weitere Ausnahmen von diesem Verbote stattfinden sollen.

. . . . .

§ 42b.

(1) . . . . .

(2) . . . . .

. . . . . in betreff der Druckschriften, anderen Schriften und Bildwerke, insoweit der Gewerbebetrieb hiermit von Haus zu Haus stattfindet . . . darf der betreffende Gewerbebetrieb in dem Gemeindebezirk des Wohnsitzes oder der gewerblichen Niederlassung von einer Erlaubnis nicht abhängig gemacht werden. . . . . .

§ 43.

Wer gewerbsmäßig Druckschriften oder andere Schriften oder Bildwerke auf öffentlichen Wegen, Straßen, Plätzen oder an anderen öffentlichen Orten ausrufen, verkaufen, verteilen, anheften oder anschlagen will, bedarf dazu einer Erlaubnis der Ortspolizeibehörde und hat den über diese Erlaubnis auszustellenden, auf seinen Namen lautenden Legitimationsschein bei sich zu führen.

Auf die Erteilung und Versagung der Erlaubnis finden die Vorschriften des § 57 Ziffer 1, 2, 4, der §§ 57a, 57b Ziffer 1 und 2 und des § 63 Abs. 1 entsprechende Anwendung. Auf das bloße Anheften und Anschlagen findet der Versagungsgrund der abschreckenden Entstellung keine Anwendung.

Zur Verteilung von Stimmzetteln und Druckschriften zu Wahlzwecken bei der Wahl zu gesetzgebenden Körperschaften ist eine polizeiliche Erlaubnis in der Zeit von der amtlichen Bekanntmachung des Wahltags bis zur Beendigung des Wahlakts nicht erforderlich.

Dasselbe gilt auch bezüglich der nichtgewerbsmäßigen Verteilung von Stimmzetteln und Druckschriften zu Wahlzwecken.

In geschlossenen Räumen ist zur nichtgewerbsmäßigen Verteilung von Druckschriften oder anderen Schriften oder Bildwerken eine Erlaubnis nicht erforderlich.

An die Stelle des im § 5 Absatz 1 des Preßgesetzes vom 7. Mai 1874 angezogenen § 57 der Gewerbeordnung treten die Bestimmungen des § 57 Ziffer 1, 2, 4, der §§ 57a, 57b Ziffer 1 und 2 des gegenwärtigen Gesetzes.

§ 44.

(1) . . . . .

(2) . . . . .

(3) . . . . .

Hinsichtlich des Aufsuchens von Bestellungen auf Druckschriften, andere Schriften und Bildwerke finden die Vorschriften des § 56 Absatz 3 entsprechende Anwendung.

Titel III (Gewerbebetrieb im Umherziehen).

§ 56.

(1) . . . . .

(2) . . . . .

(3) Ausgeschlossen vom Feilbieten und Aufsuchen von Bestellungen im Umherziehen sind ferner:

12. Druckschriften, andere Schriften und Bildwerke, insofern sie in sittlicher oder religiöser Beziehung Ärgernis zu geben geeignet sind, oder mittels Zusicherung von Prämien oder Gewinnen vertrieben werden, oder in Lieferungen erscheinen, wenn nicht der Gesamtpreis auf jeder einzelnen Lieferung an einer in die Augen fallenden Stelle bestimmt verzeichnet ist.

(4) Wer Druckschriften, andere Schriften oder Bildwerke im Umherziehen feilbieten will, hat ein Verzeichnis derselben der zuständigen Verwaltungsbehörde seines Wohnorts zur Genehmigung vorzulegen. Die Genehmigung ist nur zu versagen, soweit das Verzeichnis Druckschriften, andere Schriften oder Bildwerke der vorbezeichneten Art enthält. Der Gewerbetreibende darf nur die in dem genehmigten Verzeichnis enthaltenen Druckschriften, anderen Schriften oder Bildwerke bei sich führen und ist verpflichtet, das Verzeichnis während der Ausübung des Gewerbebetriebs bei sich zu führen, auf Erfordern den zuständigen Behörden oder Beamten vorzuzeigen und, sofern er hierzu nicht imstande ist, auf deren Geheiß den Betrieb bis zur Herbeischaffung des Verzeichnisses einzustellen.

XV. Gesetz über das Postwesen des Deutschen Reichs vom 28. Oktober 1871 (RGBl. S. 347).

§ 1.

Die Beförderung

1. . . . .

2. aller Zeitungen politischen Inhalts, welche öfter als einmal wöchentlich erscheinen,

gegen Bezahlung von Orten mit einer Postanstalt nach anderen Orten mit einer Postanstalt des In- oder Auslandes auf andere Weise als durch die Post, ist verboten. Hinsichtlich der politischen Zeitungen erstreckt dieses Verbot sich nicht auf den zweimeiligen Umkreis ihres Ursprungsortes.

Wenn Briefe und Zeitungen (Nr. 1 und 2) vom Auslande eingehen und nach inländischen Orten mit einer Postanstalt bestimmt sind, oder durch das Gebiet des Deutschen Reichs transitieren sollen, so müssen sie bei der nächsten inländischen Postanstalt zur Weiterbeförderung eingeliefert werden.

. . . .

§ 2.

Die Beförderung von Briefen und politischen Zeitungen (§ 1) gegen Bezahlung durch expresse Boten oder Fuhren ist gestattet. Doch darf ein solcher Expresser nur von einem Absender abgeschickt sein, und dem Postzwange unterliegende Gegenstände weder von anderen mitnehmen, noch für andere zurückbringen.

§ 3.

Die Annahme und Beförderung von Postsendungen darf von der Post nicht verweigert werden, sofern die Bestimmungen dieses Gesetzes und des Reglements (§ 50) beobachtet sind. Auch darf keine im Gebiete des Deutschen Reichs erscheinende politische Zeitung vom Postdebit ausgeschlossen und ebensowenig darf bei der Normierung der Provision, welche für die Beförderung und Debitierung der im Gebiete des Deutschen Reichs erscheinenden Zeitungen zu erheben ist, nach verschiedenen Grundsätzen verfahren werden. Die Post besorgt die Annahme der Pränumeration auf die Zeitungen, sowie den gesamten Debit derselben.

Anhang II.

Beschränkung der Preßfreiheit in den von den Truppen Frankreichs, Belgiens und Englands vorübergehend besetzten Gebieten.

Verordnung Nr. 294 betreffend die Ordnung der Presse und zur Aufhebung der Verordnungen Nr. 97, 158 und 248
vom 10. Februar 1925[1]).

Die Hohe Interalliierte Rheinlandkommission verordnet:

in Erwägung dessen, daß die gegenwärtigen Umstände ihr die Möglichkeit bieten, die Bestimmungen ihrer Verordnungen, betreffend das Verbot und den Ausschluß der Zeitungen und betreffend die von ihr angeordneten amtlichen Inserate, zu mildern,

in Erwägung dessen, daß es außerdem wichtig ist, die verschiedenen Vorschriften ihrer Verordnungen über die Presse in einem einzigen Text zusammenzufassen, was folgt:

Artikel 1.

Verbotene Veröffentlichungen, Vorstellungen usw.

1. Alle Zeitungen, Abhandlungen oder Veröffentlichungen, alle Drucksachen, alle auf mechanischem oder chemischem Wege her-

---

[1]) Nach der Übersetzung von Vogels „Verträge über die Besetzung und Räumung des Rheinlandes usw.", Berlin 1925.

gestellten Vervielfältigungen, alle Schriften, Bilder mit oder ohne Erklärungen, Musikalien mit Text oder Kommentar, alle Lichtspielstreifen, die zur öffentlichen Verbreitung bestimmt und geeignet sind, die öffentliche Ordnung zu gefährden oder die Sicherheit bzw. das Ansehen der Hohen Kommission oder der Besatzungstruppen zu beeinträchtigen, sind verboten und können gegebenenfalls auf Anordnung der Hohen Kommission oder in dringenden Fällen auf Anordnung des Oberdelegierten der Hohen Kommission durch den Delegierten der Hohen Kommission im Kreise beschlagnahmt werden. Alsdann ist der Hohen Kommission darüber Bericht zu erstatten.

Außerdem kann der Oberdelegierte, wenn es sich um ein in seinem Amtsbezirke erscheinendes Tageblatt handelt, dasselbe für drei Tage verbieten; jedoch kann er dieses Verbot nur verhängen, wenn er im Laufe der drei vorhergehenden Monate eigenmächtig oder auf Grund eines Beschlusses der Hohen Kommission diesem Tageblatt eine Warnung zugehen ließ.

2. Die Hohe Kommission kann anordnen, daß jede periodische Veröffentlichung, in der ein Verstoß gegen die Bestimmungen gegenwärtigen Artikels begangen wird, für einen Zeitraum von nicht mehr als drei Monaten verboten oder vom besetzten Gebiet ausgeschlossen wird. Mit Ausnahme einer Verwarnung, eines vorhergehenden Verbots oder Ausschlusses, vernimmt die Hohe Kommission, wenn es notwendig ist, den Leiter und den Chefredakteur der beanstandeten Veröffentlichung, oder nur eine dieser beiden Personen.

Periodische Veröffentlichungen, die mindestens zweimal von der Hohen Kommission verboten oder ausgeschlossen worden sind, können im Falle einer nochmaligen Zuwiderhandlung für einen längeren Zeitraum als drei Monate oder für unbegrenzte Zeit verboten oder ausgeschlossen werden.

3. . . . .

4. Die Hohe Kommission kann außerdem, gegebenenfalls für einen Zeitabschnitt von nicht mehr als drei Monaten, die Schließung eines jeden Unternehmens anordnen, in welchem solche im Absatz 1 erwähnten Zeitungen oder sonstigen Veröffentlichungen, Vervielfältigungen oder Bildstreifen ausgestellt, verkauft oder verbreitet werden.

Artikel 2.

Strafrechtliche Verantwortlichkeit und Strafverfahren.

1. Unabhängig von den im vorstehenden Artikel 1 vorgeschriebenen Verwaltungsmaßnahmen können die Verfasser der beanstandeten Veröffentlichungen von den zuständigen Gerichten verfolgt und wegen Zuwiderhandlung gegen diese Verordnung oder jede andere im besetzten Gebiet gesetzmäßig geltende Bestimmung verurteilt werden.

Die verantwortlichen Redakteure, die Verleger und Druckereibesitzer können überdies wegen ihrer Teilnahme an den genannten Veröffentlichungen und wegen ihrer Fahrlässigkeit gerichtlich verfolgt werden.

Die verantwortlichen Redakteure der täglich oder periodisch erscheinenden Veröffentlichungen werden jedesmal als Verfasser der beanstandeten Artikel präsumiert, so oft der tatsächliche Verfasser unbekannt ist.

2. . . . .

3. Die Personen, die sich dem Verkauf, dem Auslegen, der Verbreitung oder Verteilung von verbotenen Veröffentlichungen oder Bildstreifen widmen, verwirken die für Zuwiderhandlungen gegen die Verordnungen der Hohen Kommission festgesetzten Strafen. Die in ihrem Besitz vorgefundenen Nummern, Exemplare und Bildstreifen werden sofort beschlagnahmt.

Artikel 3.

Amtliche Mitteilungen und Berichtigungsanspruch der alliierten Behörden.

1. Auf schriftliche Anordnung der Hohen Kommission oder jeder anderen zu diesem Zwecke beauftragten alliierten Behörde ist der verantwortliche Schriftleiter oder der Herausgeber einer jeden im besetzten Gebiete täglich oder periodisch erscheinenden Druckschrift verpflichtet, jede amtliche Mitteilung aufzunehmen, und zwar zu der Zeit und in der Art, wie es in dem Ersuchen angegeben wird.

2. Wenn die amtliche Mitteilung die Berichtigung einer in der täglich oder periodisch erscheinenden Druckschrift veröffentlichten Nachricht darstellt, so erfolgt die Aufnahme unentgeltlich.

3. In allen anderen Fällen werden die Kosten der Veröffentlichung von der Hohen Kommission bezahlt, die den Betrag auf das Konto ihrer Betriebsausgaben setzt. Falls die Hohe Kommission eine Aufnahme unter diesen Bedingungen vorschreibt, so kann sie die Bestimmungen ihrer Verordnungen betreffend die Requisitionen in Anwendung bringen.

Artikel 4.

Die Verordnungen Nr. 97, 158 und 248 werden aufgehoben.

Artikel 5.

Diese Verordnung ist im Gebiete des Brückenkopfes Kehl anwendbar.

Artikel 6.

Diese Verordnung tritt am 16. Februar 1925 in Kraft.

Sachregister.

(Die Zahlen bedeuten die Seiten.)

R.

S.

T.

FSC
www.fsc.org
MIX
Papier | Fördert gute Waldnutzung
FSC® C083411

Kolibri 360 GmbH
Ferdinand-Jühlke-Straße 7
99095 Erfurt, Deutschland
produktsicherheit@kolibri360.de